KB017695

포기하지
마라

분노만으로 충분하지 않다

포기하지 마라

스테판 에셀

조민현 옮김 | 조효제 해설

문학세계사

옮긴이 · 조민현
고려대학교 서어서문학과 및 같은 대학원을 졸업했으며,
스페인 마드리드 콤플루텐세 대학교에서 스페인 문학으로
박사 학위를 받았다. 현재 대구가톨릭대학교 스페인어과 교수이다.
스페인 문학과 문화에 관련된 다수의 논문을 썼으며,
저서로 『스페인 현대 소설론』,
『작품으로 읽는 스페인 문학사』(공저)가 있고
번역서로 『안개』, 『서정시집 · 전설』, 『그레게리아』가 있다.

포기하지 마라
스테판 에셀 지음
•
초판 1쇄 발행일 2013년 4월 19일
•
옮긴이 · 조민현
펴낸이 · 김종해
펴낸곳 · 문학세계사
•
주소 · 서울시 마포구 신수로 59-1(121-110)
대표전화 · 702-1800 | 팩시밀리 · 702-0084
mail@msp21.co.kr | www.msp21.co.kr
트위터 : @munse_books
페이스북 : facebook.com/munsebooks
출판등록 · 제21-108호(1979.5.16)
값 9,500원
ISBN 978-89-7075-563-2 03340

¡No os rindáis!

Stéphane Hessel

"행복하여라, 율리시즈처럼 멋진 항해를 한 사람은"

— 조아생 뒤 벨레*

* 조아생 뒤 벨레(Joachim du Bellay, 1522~1560) : 피에르 드 롱사르와 함께 '플레아드'라 불리는 문학 유파를 이끌며, 16세기 프랑스 르네상스 문학을 대표했던 시인이다.

¡No os rindáis!

Stéphane
Hessel

포기하지 마라

분노만으로는 충분하지 않다

＊ 차례

■ 한국어판 서문

세상을 바꾸는 것은 가능하다

스페인에 있는 그의 책 발행인 라몬 페레요가 2012년 말에 그에게 '분노한 사람들(인디그나도스)' 운동 2년 후의 상황을 새로운 책에 담아볼 것을 제안했을 때, 스테판 에셀은 즉시 그것이 스페인 젊은이들에게 마지막 메시지를 전할 기회라고 생각했다. 조금의 망설임도 없었다. 비록 건강이 많이 나빠졌지만, 그는 기꺼이 그 제안을 받아들였다. 이 글을 쓰는 나 역시도 마찬가지였다. 2013년 1월 한 달 동안 나는 그의 집에서 세상과 정치에 대한 그의 생각을 듣기 위해서 네 차례 그를 만났다. 이 책은 우리가 나눈 대화의 결과이다. 이 책에 있는 모든 생각과 말은 다 그의 것이다.

그의 메시지는 보편적인 것이다. 국경, 언어, 문화, 종교, 신앙의 차이를 넘어 전 세계의 젊은이들을 향한 희망,

참여, 투쟁의 메시지이다. 스페인 사람들에게처럼, 스테판 에셀은 한국의 젊은이들에게 말한다. "포기하지 마라! 굴복하지 마라! 세상을 바꾸는 것은 가능하다. 여러분들의 손에 달려 있다."

2013년 4월 11일 파리

유이스 우리아*

---

* 스테판 에셀의 생의 마지막 저서가 된 『포기하지 마라』를 기획 출간한 유이스 우리아는 2005년부터 바르셀로나에서 발행되는 스페인의 유력 일간지 《라 방구아르디아》의 파리 특파원으로 일하고 있다. 바르셀로나 자치대학교에서 언론학을 전공했고, 《엘 노티시에로 우니베르살》, 《엘 코레오 카탈란》, 《엘 페리오디코 데 카탈루냐》 그리고 《엘 파이스》에서 일했다. 《라 방구아르디아》에 들어간 후부터 정치, 국제 면을 담당했다. 루이스 마우리 기자와 함께 집필한 파스쿠알 마라갈의 정치적 전기 『말레이 물방울』(1998)의 공동저자이다.
* 본문 하단의 주는 '원주' 외에는 모두 역자 주이다.

■ 서문

현명한 사람의 유산

스테판 에셀의 집에서 다시는 이전과 같이 전화가 울리지 않을 것이다. 레지스탕스의 일원이자 '분노한 사람들(Indignados, 인디그나도스)'[1] 운동을 예고한 연로한 투사는 자신의 뒤에 풍요롭고 풍성한 긴 생애를 남기고 2013년 2월 27일 새벽 파리에서 숨졌다. 향년 95세였다.

죽기 며칠 전까지 그의 자택 전화는 계속해서 울렸었다. 한 시간 반 동안에 한 번, 두 번, 세 번, 여섯 번의 전화 벨이…… 스테판 에셀은 자신의 집 거실 안락의자에 창문

---

1) '분노한 사람들(Los Indignados)' 운동 : 스페인에서 기존의 정당 체계와 경제 구조에 반대하며, 참여에 기반을 둔 진정한 민주주의를 세우려는 의도에서 일어난 시민운동이다. 이 운동은 어떤 당파에도 속하지 않고, 평화적인 방식을 따르고, 수평적이며, 투명성을 그 기반으로 하고 있다. 2011년 5월 15일에 시작되어서 '5월 15일 운동(15-M)'이라고 불리기도 한다.

을 등지고 앉아서, 대화를 중단하고 걸려오는 전화를 서둘러 받았었다. 그의 시선에는 조금의 피곤함도 보이지 않았고, 귀찮아하거나 싫증을 내는 기색도 없었다. 물론 전혀 화를 내지도 않았다. 며칠 동안 실낱같이 줄어들었던 목소리가 다시 또렷하고 낭랑한 어조로 돌아왔고 잘 알려진 특유의 겸손과 상냥함으로 응대했다. 더할 나위 없는 그만의 온화함으로 자신의 건강 문제를 말하면서, 수없이 밀려드는 초대 요청을 정중히 거절했다.

스테판 에셀을 온갖 행사에 초청하려는 전화가 무척 많이 걸려왔다. 프랑스와 여타 유럽 국가들, 아메리카, 아시아 등지에서…… 온 세상이 세계적인 예언자가 된 이 사람의 의견을 구했다.

겸손하고 지적인 이 노전사는 어느 정도의 경탄의 시선과 약간의 의구심으로 자신의 주위에서 일어난 모든 소요를 관찰했다. 너무 진지한 자세를 취하지 않으려고, 그는 때때로 긴장을 풀어주는 코멘트를 달면서 이야기하곤 했다. "자, 그런데 지금까지 제가 말씀드린 것은 그다지 중요한 것은 아닙니다……" 실제로는 그렇지 않다는 것을 알면서도 말이다.

역사적인 레지스탕스의 일원이었으며 유엔 세계인권선언문 작성에 참여했고 외교관으로도 일했던 스테판 에셀(1917년 베를린~2013년 파리)은 프랑스에서 존경받는 인물이었다. 하지만, 2010년 10월 서점가에서 별 주목을 받지 못하고 지나갈 것 같았던 겸허한 주장을 담은 선언문 『분노하라』를 출간했을 당시, 그는 프랑스 밖에서는 거의 알려지지 않은 존재였다. 그러나 이론가도 사상가도 아닌 에셀은 꼭 필요한 순간에 꼭 필요한 언어로 사람들의 마음을 움직일 줄 알았다. 부당함 앞에서 반발하고 자리를 박차고 일어나 봉기하려는 새로운 세대를 향한 그의 관심과 열정적인 호소는 전 세계로 울려 퍼졌다.

30개의 언어로 번역되고, 거의 100여 개의 나라에서 출판되어 프랑스에서 3백만 권, 스페인에서 50만 권 정도가 팔리는 등 세계적으로 4백만 권 이상이 팔린 『분노하라』는 이내 출판계의 이슈가 되는 것을 넘어서 범세계적인 정치 현상으로 변모되었다. 전 세계에서의 다른 유사한 운동을 이어받아 2011년 5월에 일어난 스페인의 '분노한 사람들' 운동은 비옥한 토양을 만들어내려고 에셀이 얼마나 애써왔는지를 보여주었다. 그때부터, 미국에서 한국에 이르기까지 지구 곳곳에서 그의 의견을 구했다.

최근 몇 달 동안, 세월은 그의 기력을 쇠하게 하기 시작했다. 의사가 여행을 최소한도로 줄이라고 충고하자, 그는 거의 외출하지 않았다. 그러나 그는 온 세상 사람들과 언제나 소통할 준비가 잘 되어 있음을 보여주었다. 어느 누구에게도 '노'라고 말하지 않았다. 부인인 크리스티안은 그가 아직 유지하고 있는 건강이 일 때문에 상하지 않도록 애쓰고 있었다. 그의 모든 활동이 삶의 의욕을 고취시킨다는 것을 알고 있었지만 말이다.

이 베테랑 외교관은 레지스탕스의 신화인 장 물랭의 거리 바로 근처에 있는 파리 14구역 앙투안 상탱의 집에서 방문객들을 맞았다. 초라한 구역에 있는 작고 오래된 아파트. 항상 열려 있는 문으로 집주인만큼 뜨겁게 환대하는 아파트.

경련을 일으킬 만큼 비극적이었던 20세기 최전선의 증인이자 당사자였던 스테판 에셀, 지혜롭고 학식이 높았던 그는 이런 경험들로 인해 누구보다도 더 인간 영혼의 구석구석을 잘 알았다. 개개인의 내부에 숨겨져 있는 위대함과 불행을 알았다.

2차 세계대전 동안 프랑스의 레지스탕스와 영국에서의 방첩활동을 연결시켰던 그는 게슈타포에 의해 체포되어 고문을 당했으며, 부헨발트 나치 집단수용소 교수대에서 처형되기 직전에 기적적으로 살아났다.

그러나 그의 영혼에는 어떠한 고통의 앙금도 남아 있지 않았다. 원한과 증오는 거만 또는 오만만큼이나 그에게는 낯선 말이었다. "증오는 위대한 일을 도모하는 데 아무런 소용이 없습니다." 유럽사의 가장 어두운 시기를 온몸으로 관통하며 살아낸 이 생존자는 특히나 도덕적인 면에 대해 언젠가 이야기한 적이 있다. 에셀은 증오보다 훨씬 더 파괴적인 것으로 생각되는 질투라는 인간의 감정을 자신의 삶에서 제거한 것에 자부심을 가졌었다. 그것은 로슈의 소설 『쥴 앤 짐』[2]을 프랑수아 트뤼포 감독이 각색한 동명의 영화의 배경이 된, 삼각 애정관계로 확대된 커플인 부모 사이에서 그가 태어났기에 그럴 수밖에 없었을 것이다.

스테판 에셀은 항상 미소지으며, 대담하는 상대방이 필요로 하고 원하는 것을 정직하고 부드럽게 주의를 기울여 전해주었다. 어릴 때부터 시 낭송—독일어, 프랑스어, 영어—으로 다져진 그의 놀라운 기억력은 전혀 감퇴의 조짐을 보이지 않았다.

사람들은 때때로 논쟁의 여지가 있는 그의 정치적 견해를 좋아하지 않을 때도 있었고, 납득하지 못한 적도 있었

---

2) 『쥴 앤 짐』: 앙리-피에르 로셰의 자전적 소설이다. 소설은 스테판 에셀의 어머니가 아버지의 친구인 앙리-피에르 로셰와 사랑에 빠지면서 이들 사이에 애정의 삼각관계가 형성되는 것을 배경으로 한다. 후에 프랑수아 트뤼포 감독이 이 소설을 바탕으로 동명의 영화를 만들었다.

다. 그의 정치적 견해가 지나치게 단순하게 보일 수 있었고, 심지어 비타협적으로 보일 수도 있었다. 유대인 부계 후손인 그가 이스라엘과 역사적으로 갈등관계에 있는 팔레스타인의 권리 회복을 찬성했던 태도는 특히 커다란 반감을 불러일으켰다. 사방에서 그에 대한 비난이 쏟아졌다. 그를 찬양했었던 것만큼이나. 그러나 노(老) 레지스탕스는 비난을 무서워하거나 칭찬에 현혹되어 판단력을 잃지 않았다. 왜냐하면, 어느 누구도 그에게 정직하지 않다고 비난할 수 없었기 때문이었다. 결의를 버렸다고 책망할 수도 없었다.

1년 전 프랑스 주간지 《파리마치》와 가진 인터뷰에서 발레리 트리에르바일레르[3]는 그에게 다음 계획이 무엇인지 질문했다. "죽는 것을, 그것도 곧 죽는 것을, 희망합니다."라고 그는 허심탄회하게 대답했다. 돌발적인 말이 아니었다. 스테판 에셀은 이제 알맞은 시간에 도달했다고 생각했다. 종종 말해왔던 것처럼, 죽음은 결국 삶에 의미를 주는 것이었다. 그럼에도 불구하고, 그는 결의에 따라 끝까지 계속해서 자신의 주장을 피력했다. 영면하기 얼

---

3) 발레리 트리에르바일레르(Valérie Trierweiler, 1965~) : 프랑스 주간지 《파리마치》의 기자이자 프랑수아 올랑드 프랑스 대통령과 사실혼 관계를 유지하고 있는 퍼스트 레이디이다.

마 전에 끝마친 이 책은 그의 정신을 가장 잘 표현한 것이다. 스테판 에셀은 항상 투사였다. 나는 그가 마지막 숨을 내쉴 때까지 그와 함께 했다.

사랑이나 고통 등— 삶이 그에게 주었던 모든 것에 감사하며, 살아왔던 모든 것에 만족하며 그는 입가에 미소를 띠고 마지막 여정을 떠났다. 그가 좋아했던 시 속에 나오는 것처럼, "행복한 여행"을 했던 것에 만족해하며 떠나갔다.

유이스 우리아

포기하지 마라

젊은 시절의 스테판 에셀

한 친구의 목소리

나는 독일계, 완전한 독일계의 후손이다. 아버지 프란츠와 어머니 헬렌 두 분 다 베를린 출신이었다. 나 역시 1917년 10월 20일 베를린에서 태어났다. 부모님은 지난 세기의 운명적인 사건들로 인해 내가 일곱 살이 채 안 되었을 때 파리로 이주했다. 그렇게 해서 나는 작은 프랑스인으로 바뀌었다. 나의 기억이 시작된 때부터, 우리 가족은 항상 휴가와 휴식을 떠오르게 하는 스페인을 무척이나 찬양했다. 사실, 스페인으로 떠난 나의 초창기 여행들도 그런 성격을 가졌었다. 나는 열두 살 때 가족과 함께 발레아레스 제도의 마요르카 섬 북동쪽에 있는 칼라 라트하다로 첫 번째 여행을 갔다. 나는 아직도 그 휴가에 대한 생생한 추억을 갖고 있다. 거기서 나는 스페인의 매력을 발견했고, 처음으로 스페인어 몇 마디를 배웠다.

그 후 나는 열다섯 살이 되던 1933년 여름에 중등교육 과정을 마치고 조셉 베르코비치와 장 비아젬스키라는 두 명의 친구와 스페인으로 갔다. 그들과 함께 나는 통나무배로 미란다에서 토르토사까지 에브로 강을 따라서 환상적인 여행을 했다. 여행 도중에 통나무배의 선체가 부서져서 우리들은 저수지 경비원의 집에서 사흘 동안 묵게 되었다. 그곳에서 나는 유리 술병의 꼭지로 술 마시는 법을 배웠다. 경이로운 두 달이었다! 우리들은 포르부에서 국경을 넘어 기차로 프랑스에 돌아왔다. 그 포르부에서 7년 후에 아버지의 친구였던 철학자 발터 벤야민이 나치의 추격을 받다가 자살하게 된다.

스페인은 피로 얼룩진 숨 막힌 역사를 가진 첫 번째 나라가 되었다. 민주주의와 파시즘 간의 싸움. 후에 모든 유럽을 철저히 황폐화시킨 가공할 만한 비극의 전조였던 스페인 내전[1]은 우리에게 엄청난 충격을 주었다. 우리 가족은 항상 민주적인 스페인을 위한 투쟁에 참가했다. 나는 그때 인민전선에 몸담고 있었는데, 더 이상 스페인 공화

1) 스페인 내전(스페인 시민전쟁) : 1936년 스페인에 제2공화국 인민전선 정부가 세워진 것에 반발하여, 프랑코를 중심으로 한 파시즘 진영의 쿠데타로 인해 발발한 전쟁이다. 1939년까지 계속된 전쟁에서 결국 프랑코파가 승리하여 1975년까지 프랑코 독재 체제가 이어졌다.

국을 돕지 않는 당시의 프랑스 수상인 사회주의자 레옹 블룸을 항상 비난했다. 불개입 정책은 프랑코에 대항해 싸움을 벌이고 있던 민주세력에게 치명적이었다. 이러한 이유로 나는 항상 국제여단의 개입을 호의적인 시선으로 바라보았다. 단지 추후에 어느 지점에서는 그들의 활동이 모호했고, 또한 아마도 어느 정도는 서툴렀다고 생각하게 되었다.

언제나 스페인에 대한 나의 생각은 프랑코와 무솔리니와 히틀러에 대항하여 용기 있게 싸우고 방어했던 영웅적인 나라라는 것이었다. 독재와 파시즘에 항거하는 스페인의 투쟁은 나의 투쟁 목적과 같았다. 그 부분에서 나는 강제수용소 최고의 동료 중의 하나였던 스페인인 호르헤 셈프룬[2]과 뜻이 일치했다. 우리 둘은 비록 주변의 상황 때문에 서로 만나지 못했지만 같은 시기에 독일 부헨발트 수용소[3]에 갇혀 있었다. 나는 1944년 8월 파리에서 게슈타포에 의해 체포된 후 역사적인 도시 바이마르 근처에

---

2) 호르헤 셈프룬(Jorge Semprún, 1923~2011) : 대부분의 작품을 프랑스어로 남긴 스페인의 작가이자, 스페인의 펠리페 곤살레스 사회노동당 정부 하에서 문화부 장관을 역임한 정치가이기도 하다.

3) 부헨발트 수용소 : 1937년 나치가 바이마르 교외에 세운 집단수용소이다. 총 25만 명이 수용소를 거쳐 갔는데, 그 중 5만 6천 명 정도가 질병, 과로, 생체 실험, 고문, 처형 등으로 목숨을 잃었다.

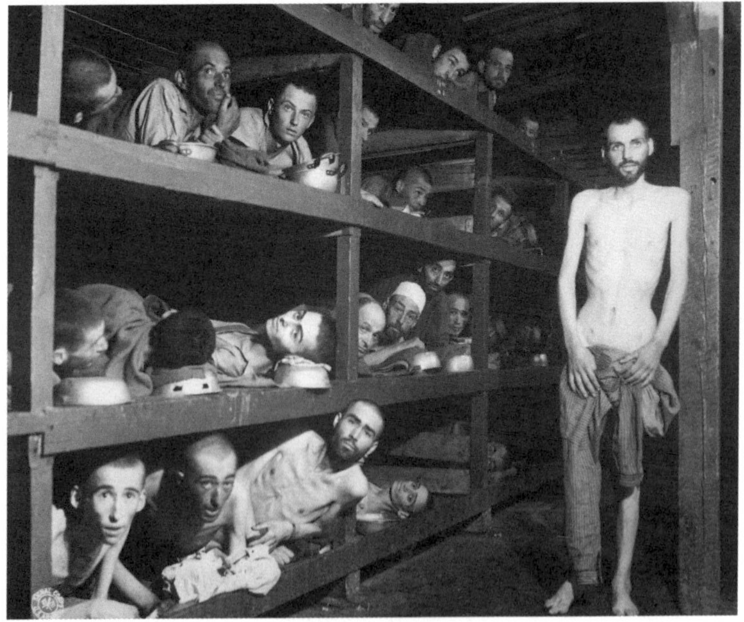

부헨발트 수용소(Buchenwald)

세운 수용소로 호송되었고, 그는 1년 전에 수감된 상태였다. 수용소 내에서 우리의 상황은 매우 달랐다. 나보다 더 좋은 위치에 있었던 셈프룬은 내가 누구이며, 내게 무슨 일이 일어났는지 알고 있었다. 그러나 우리는 당시 한 번도 서로 보지 못했다. 실제로 우리는 석방이 될 때까지 만나지 못했지만, 석방 후 만남을 가진 때부터 그가 죽을 때까지 우리는 매우 가까운 친구가 되었다. 나는 항상 그에 대해 인간으로서 큰 호감과 작가로서 깊은 감탄을 느꼈다. 현실을 왜곡하지 않는 그의 책들은 수용소의 진실, 그곳에서의 일상생활, 인간 존엄의 상실 과정을 설명하는 데 어려움을 겪는 나에게 도움이 되었다.

나는 90년대에 스페인에 다시 갔다. 아메리카 대륙 발견과 스페인에서 이슬람인과 유대인을 추방(국가적인 정화의 이름으로 행한 인종 청소의 역사적인 예)한 지 500년이 되는 해와 일치하는 1992년에 우리들은 그라나다와 코르도바로 환상적인 여행을 했다. 그 후에 나는 유네스코 산하 단체에서 주는 상들을 받기 위해 각각 빌바오와 바르셀로나에 갔었다. 그곳에서 나는 열광적이고 따뜻한 환영을 받았다.

그 무렵 나는 무척 존경하던 또 다른 스페인인 페데리코 마요르 사라고사[4] 유네스코 사무총장을 알게 되었다.

우리는 평화와 국제적 협력이라는 동일한 목적을 지니고 있었기에 여러 회의에서 누차에 걸쳐 함께 일하게 되었다. 내가 『분노하라』를 출간한 얼마 후에 마요르는 나와 같은 생각을 담은 『침묵의 죄』를 출간했다. 이 책에서 그 역시 세상을 변화시키기 위해서 행동할 것을 요청했다.

2011년 봄, 즉 5월 15일에 일어난 스페인의 '분노한 사람들(인디그나도스)' 운동은 내게 엄청나면서도 유쾌한 놀라움을 가져다 주었다. 실비 크로스만[5], 장 피에르 바루[6]와 함께 준비한 작은 책인 『분노하라』는 세상 어느 곳에서보다도 스페인에 가장 강한 영향을 남겼다. 나는 마드리드, 바르셀로나, 빌바오, 발렌시아 등지에서 시위에 동참하기 위해 거리로 뛰쳐나온 수많은 스페인 젊은이들에게 엄청난 감동을 받았음을 고백해야만 한다. 나는 그들과 같은 불안과 아픔을 갖고 있다. 자유와 인권을 지키기 위해 저항하고 투쟁한 스페인의 오랜 전통을 이어받은 '분노한 사람들' 운동은 진정으로 인간의 양심을 뒤흔드

4) 페데리코 마요르 사라고사(Federico Mayor Zaragoza, 1934~), 약학 박사로서 스페인 그라나다 대학교 총장과 유네스코 사무총장을 역임하였다.

5) 실비 크로스만(Sylvie Crossman) : 스테판 에셀의 『분노하라』를 출판한 프랑스 앵디젠 출판사의 편집자이다.

6) 장 피에르 바루(Jean-Pierre Barou) : 스테판 에셀의 『분노하라』를 출판한 프랑스 앵디젠 출판사의 편집자이다.

는 힘으로 작용했다. 이 운동을 추동시킨 변화에 대한 열망은 결코 고갈되지 않는다.

나는 항상 스페인을 마음 속에 품고 있었으며, 내가 무척 존중하는 스페인 문화에 깊은 친근감을 느낀다. 스페인 문화가 없는 유럽 문화는 무엇일까? 세르반테스와 우나무노[7] 없는, 또는 『돈키호테』 없는 우리의 존재는 무엇일까? 돈키호테는 '저항' 이라는 스페인 사람들의 성격을 표현한다. 하지만, 그는 이 밖에도 선을 위한 투쟁에서 보편적인 상징성을 갖는다.

---

7) 우나무노(Unamuno, 1864~1936) : 스페인 현대문학의 전기를 마련한 98세대 운동에 속한 문학가이자 철학자이며, 살라망카 대학교 총장을 역임했다.

분노와 참여

『분노하라』와 같은 30페이지의 작은 책이 그토록 많은 반향을 불러일으키고 그토록 많은 사람들을 움직이게 할 줄은 결코 생각하지 못했다. 그러나 확실한 것은 분노의 깃발을 드높이면서 2011년 봄에 일어난 스페인 젊은이들의 운동은 스페인 국경을 넘어 전 세계의 주목을 받았다. 오늘날 많은 불신을 받고 있는 기존 정당 조직과는 아무런 관련 없이 자발적으로 일어난 '분노한 사람들(인디그나도스)' 운동은 단지 금융뿐만이 아니라 정치권력을 접수하려는 소수독점 지배세력의 조작을 거부하는 표현으로 무언가 완전히 새로운 것이었다. 진정한 민주주의를 온 마음을 다해 요구하는 시위였다. 그것은 기존의 공식적인 통로와는 다른 방식으로 젊은이들이 자신들이 마땅히 해야 할 바를 표출하려는 것이었다.

이 운동이 스페인에서 힘을 얻을 수 있었던 것은 소수 독점 지배세력에 대한 거부와 진정한 민주주의에 대한 열망을 다른 많은 나라의 젊은이들도 모두 함께 갈망하였다는 데서 비롯된다. 유사한 시위가 유럽 특히 그리스와 포르투갈, 미국과 라틴아메리카, 중국, 인도 등지에서 일어났다. 2010년 튀니지에서 이집트까지 북아프리카의 여러 나라에서 일어났던, 이른바 '아랍의 봄'[1]이라고 명명된 민중 봉기의 과정은 근본적인 면에서 이 흐름과 맞닿아 있다. 지금 이슬람주의 세력이 권력을 독점하려고 시도하고 있음에도 불구하고, 아랍의 청년들은 그들을 따르지 않고 있다. 동일한 민주주의의 이상이 이 젊은이들을 인도하고 있는 것이다. 튀니지와 이집트의 젊은이들이 민중 봉기의 고유한 정신을 지키기 위해 어떻게 거리로 뛰쳐나왔는지를 보면 알 수 있다.

스페인의 청년들에게, 아랍의 청년들처럼 어떻게 이 운동으로 세상을 변화시키고, 정부에 영향을 미치며, 대다수의 시민이 요구하는 개혁을 추동하기 위한 효과적인 대안을 낼 수 있느냐 하는 것이 문제이다. 스페인의 경우에

---

1) 아랍의 봄 : 민주화를 요구하며 2010년 말 튀니지에서 시작되어 중동과 북아프리카의 여러 국가들로 확산된 반정부 시위를 총칭하는 말이다.

'아랍의 봄' 이라 명명된 중동과 북아프리카의 민중 혁명.

'분노한 사람들' 운동의 성격은 쉽게 해석될 수 없는 것이었다. 2011년에 '분노한 사람들' 운동이 그 지향하는 바와는 다르게 좌파 정부를 무너뜨리고 우파 정부가 들어서게 하는 데 기여하는 역설적인 상황이 벌어졌다. 나는 사회당 정부가 스페인 국민들이 필요로 하는 정책을 펼 것이라고 생각하면서 호세 루이스 로드리게스 사파테로[2] 정부를 열렬히 지지했었다. 따라서 그의 실패에 나는 무척 실망했다.

그러나 즉각적인 정치적 효과와는 다르게 스페인에서의 '분노한 사람들' 운동에는 어느 누구도 간과할 수 없는 효력이 있었다. 이 운동은 "어차피 바뀌지 않을 테니까 아무것도 할 필요 없어"라고 사람들이 말하며 순응주의 또는 패배의식에 빠지려는 위험한 순간에 다시 사람들의 의식을 일깨우는 성과를 거두었다. 패배주의를 벗어나 세상을 변화시키기 위해 우리들을 움직이게 하는 감정이 유익하다는 것을 깨닫게 했다. 놀랍게도 이 운동의 정신은 사라지지 않았다. 운동의 동력이 1년 안에 고갈돼 버릴 거라는 사람들의 생각과는 반대로 그것은 아직도 계

---

2) 호세 루이스 로드리게스 사파테로(José Luis Rodríguez Zapatero, 1960~) : 스페인 사회노동당 출신의 정치인으로 2004년부터 2011년까지 스페인 정부의 총리직을 수행했다.

스페인의 '분노한 사람들(Indignados, 인디그나도스)' 운동.

속해서 이어지고 있다.

그러나 분노만으로 충분하지 않다. 만약 누군가 세상을 바꾸기 위해 거리에서 시위하는 것만으로 충분하다고 믿는다면, 그것은 착각이다. 분노가 진정한 참여로 변모되는 것이 필요하다. 변화는 노력을 필요로 한다. 소수독점 지배세력을 거부한다는 우리의 의사는 분명하다. 그러나 동시에 국가의 상황을 변화시킬 수 있는 경제와 정치에 대한 의욕적인 비전을 제시해야만 한다. 항의에만 머물러서는 안 된다. 행동해야만 한다. 대규모 추방이라는 참을 수 없는 고통을 끝내기 위해서 태어난 '부동산 저당대출로 피해를 입은 사람들'의 행동은 매우 훌륭한 예이다. 아다 콜라우[3]가 지도하는 스페인 시민운동은 국민당 정부에 압력을 행사해 그들이 최초의 결정을 수정하여 집을 은행에 넘기고 자유롭게 되는 부동산 지불저당 관련 국민요구 법안을 국회에서 처리하는 것을 받아들이도록 만들었다. 이것은 정확한 목표를 설정하고 현명한 행동을 동반한 거리의 압력이 성취한 것에 대한 한 예이다.

나는 지독한 경제 위기와 부패 스캔들에 의해 악화된 스페인 사회에 존재하는 불신과 불만족이 일부의 사람들

---

3) 아다 콜라우(Ada Colau, 1974~) : 바르셀로나에서 '부동산 저당대출로 피해를 입은 사람들' 모임을 이끈 시민운동가이다.

에게 극단적인 태도를 가져오게 할 수 있음을 염려하고 있다. 비록 동일하지는 않지만, 오늘날 유럽 상황은 1930년대 심각한 위기로 말미암아 결국은 2차 세계대전으로 이어진 상황을 어느 정도 떠오르게 한다. 오늘날 우리는 당시와 유사한 위험에 직면해 있다. 현재의 위기와 그로 말미암은 고통은 공포와 증오를 격화시키고 있다. 극단주의가 우리에게 잠복해 있는 것이다.

그러나 혁명의 길이나 전체주의 사상으로는 아무것도 얻어낼 수 없다. 혁명은 결국 전체주의를 부른다. 나는 소비에트 혁명과 함께 태어났다. 아마 그래서 혁명이라는 말에 과민반응을 일으키는지 모르겠다…… 나는 위기로 인한 고통에 대한 대답이, 또 다른 피델 카스트로나 또 다른 체 게바라를 불러오는 것이 아니라 민주적 가치를 지키는 개혁적 민주주의의 힘을 결집시키는 데 있다고 본다. 20세기 동안에 많은 스페인인, 프랑스인, 이탈리아인 등 유럽인들은 조직화된 운동과 자신의 양심을 멀리하고 모든 판단을 통제하는 이데올로기를 떠받들었다. 이것은 인간에 대한 모든 신뢰를 잃게 만들었다. 인간은 그 자체로 충분하다. 전지전능한 안내자를 필요로 하지 않는다. 이러한 이유로 나는 결코 공산주의자가 되지 않았다. 반공산주의자 역시 되지 않았다. 그러나 나는 기존 질서를 파괴하는 혁명적이거나 폭력적인 행위를 통해 변화가 이루어진다고 생각하지 않는다. 장기적으로 변화는, 행동·정치적 협의·민주적 참여를 통한 현명한 작업 속에서 나온다고 믿는다. 민주주의는 목적이다. 그러나 또한 수단이 될 수 있다. 사람들은 스페인의 '분노한 사람들' 운동이 효과적인 조직으로 변모되지 못한 것을 비판했다. 이것은 어느 정도는 이 운동의 주요한 약점이다. 하지만 또한 위대함일 수 있다. 비대한 조직 역시 위험이 될 수 있기 때문이다. 이러한 의미에서 나는 특히 스페인의 '분노한 사람들' 운동이 카리스마 넘치는 위대한 지도자에게 모든 것을 위임하려는 유혹을 피할 만큼 충분히 신중했다는 것을 알았을 때 만족스러웠다. 어느 누구도 일부 우두머리들이 명령을 내리고 나머지는 이를 따르는 피라미드 조직을 필요로 하지 않는다.

그렇다면, 이 모든 영향력을 어떻게 전달할 것인가? 어떻게 열매를 맺게 할 것인가? 세상을 변화시키기를 원하는 젊은이들이 의미 있게 참여할 수 있는 분야 중의 하나는 사회적 연대에 기반을 둔 경제 영역이다. 또 다른 영역으로 생태와 자연 환경을 지키는 것이 있다. 이 두 가지는 동전의 양면일 것이다. 사회적으로 정당하고 지구를 존중하는 발전에 대한 새로운 모델을 창조할 때에야, 우리는 구원받을 수 있을 것이다.

정치에 대한 욕구를 회복해야만 한다. 왜냐하면 정치 없이는 진보가 있을 수 없기 때문이다. 계속해서 토론을 유발하고 의견을 개진하는 등 정치에 참여하는 다양한 방식들이 있다. 베를린 장벽이 무너진 이후 구 체코슬로바키아 공화국의 대통령직을 수행했고, 소련의 지배에 대항한 역사적인 반체제 인사이자 인권운동가였던 작가 바츨라프 하벨[4]은 이렇게 말했다. "우리들 각자는 세상을 변화시킬 수 있다. 당신이 아무런 힘도 갖지 못할지라도, 당신이 아무런 중요성을 갖고 있지 않을지라도, 우리들 각자는 세상을 변화시킬 수 있다."

이것은 프랑스와 유럽의 현재 정치 방향을 바꾸기 위해서 양심의 소리를 일깨워내고 강력한 시민운동을 만들어내는 데 기여할 조직인 우리들의 '2012 루스벨트 연대'[5]—우리들이 선택한 모토—를 위한 정신이다. 이 그룹에

---

4) 바츨라프 하벨(Václav Havel, 1936~2011) : 체코슬로바키아의 민주화운동을 이끌었던 작가이자 정치인으로, 체코슬로바키아의 마지막 대통령과 슬로바키아와 분리된 체코의 초대 대통령을 역임했다.

5) '2012 루스벨트 연대' : 1929년 루스벨트 대통령이 대경제공황을 타개한 방법과 유사하게 현재의 유럽 경제 위기를 극복하기 위해 모인 사람들의 연대를 일컫는다. 스테판 에셀을 필두로 미셸 로카르 전 프랑스 총리, 경제학자 피에르 라루투루 등이 여기에 속한다.

는 누구보다도 미셸 로카르[6], 수전 조지[7], 장 다니엘[8], 릴리안 튀랑과 나의 동료인 에드가 모랭[9]이 있다.

전통적인 정당들은 그 자체로 너무 닫혀 있다. 경직되어 있기에 뒤흔들 필요성이 있다. 그럼에도 불구하고, 정당은 계속해서 정치 참여를 위한 근본적인 도구가 될 수 있다. 나는 정당에 들어가는 데 지나치게 거부감을 가질 필요는 없다고 생각한다. 나는 기존의 정치 세력을 이용할 것을 확신을 가지고 지지한다. 밖에 있는 것보다는 안으로 들어가는 것이 좋다. 나는 항상 동료들에게 똑같은 말을 한다. 당신들이 문제와 싸우기를 원한다면, 세상을 바꾸길 원한다면, 우리들이 속해 있는 민주주의 제도 안에서, 그 일은 정당들의 도움으로 행해져야만 한다고. 비록 그들이 결점을 갖고 있고, 불완전하고, 부족한 점이 많더라도 말이다.

---

6) 미셸 로카르(Michel Rocard, 1930~) : 프랑스 사회당의 정치인으로서 1988년에서 1991년까지 프랑스의 총리를 역임했다.

7) 수전 조지(Susan George, 1934~) : 미국에서 태어나서 1994년 프랑스 시민권을 얻었다. 철학자이자 정치 분석가로 활동하였다.

8) 장 다니엘(Jean Daniel, 1920~) : 유대인 가문 출신으로 프랑스의 작가이자 신문기자이다.

9) 에드가 모랭(Edgar Morin, 1921~) : 스페인계 유대인(세파르디) 출신으로 프랑스의 철학자이자 사회학자이다.

우리들 각자는 우리가 관심을 갖고 있는 것에 가장 가깝고, 우리의 요구사항을 가장 잘 도와줄 준비가 된 정당을 찾아야만 한다. 그리고 가입하라. 순진하게 생각하지 말아야 한다. 100% 여러분과 같은 생각을 가진 정당은 하나도 없을 것이다. 좋은 점도 있을 것이고 나쁜 점도 있을 것이다. 여러분들은 정당들이 충분한 활력이 없다고 생각하는가? 충분히 공격적이지 않다고 생각하는가? 그런데, 정당들에게 그러한 활력과 공격성을 불어넣을 수 있는 사람들은 여러분 스스로임을 잊지 말라.

이러한 의미에서 유익한 전략이 될 역사적인 예가 스페인에 있다. 이른바 '엔트리즘'[10]이라 알려진 것으로, 1960년대에 스페인에서 비밀 노동자 위원회가 임무를 수행하기 위해 프랑코파 협동조합에 침투한 일이다. 이제 우리가 이와 유사한 일을 하는 것이다. 목표하는 바를 위하여, 우리의 용기와 야망의 이름으로 정치, 정부, 사회조직에 스며들어야만 한다.

---

10) '엔트리즘' : 특정 그룹이 새로운 정당을 만드는 대신에 기존의 정당에 들어가 자신들의 정책과 사상노선에 맞게 그 조직 내부를 변화시키는 정치 전략이다.

민주주의 대 과두정치

'분노한 사람들' 운동 뒤에 있는 근본적인 열망은 무엇인가? 스페인과 세계 여러 곳에서 결집되고 있는 젊은이들의 공동 목표는 무엇인가? 나는 그들의 기본적인 열망은 우리를 지배하고 있는 과두정치[1]를 몰아내고 진정한 민주주의를 다시 찾는 것이라고 생각한다. 일반적으로 시민들은 특히 젊은이들은 스스로 결정하기를 원한다. 그들은 정부를 책임지는 사람들이 자신들을 위해 모든 권력을 가지려는 소수 특권층이 아니라 국민들 속에서 나오기를 바란다. 물론 그 국민이란 준비가 되고 자격이 있는 사람들을 말한다. '올리가르키아(oligarquía)' 라는 낱말이 갖고 있는 이중의 의미는 현재의 상황을 정확하게 정

1) 과두정치(oligarquía) : 소수의 사람들이 정부를 구성하고 권력을 행사하는 정치 형태이다.

의한다. 그 하나는 동일한 사회 계급에 속한 소수의 사람들이 정부를 구성하고 권력을 행사하는 것이고, 다른 하나는 모든 일을 자신들의 뜻대로 관철시키기 위해서 모인 힘 있는 사람들의 집단이라는 말이다.

최근 30년 동안에 스페인과 유럽의 모든 민주주의 국가에서 소수의 독점 세력이 정권을 장악했다. 이는 단지 우파 소수 지배층만이 아니라 좌파 소수 지배층 역시 해당되는 말이다. 이 순간 우리는 민주주의의 가치에 대한 유일하고 진정한 방어자를 자처하고 경쟁과 자유 시장 경제 원리를 최상의 가치로 여기는 소수 지배층의 논리를 맹목적으로 따라간다. 이것은 매우 위험한 논리이다. 왜냐하면 그로부터 유래한 민주주의는 극도로 부당하기 때문이다. 그 결과는 이렇다. 확실하고 안정된 직장이 없는 많은 사람들(그들 중 대부분은 사회 시스템에 의해 거부된 사람들이다), 대량 실업(거의 6백만 명의 실업자가 생겨난 스페인의 상황은 참을 수 없는 지경에 이르렀다), 일자리를 구하지 못해 부모의 집에서 계속 얹혀 살아야만 하는 수많은 젊은이들, 담보 대출을 갚지 못해서 또는 집세를 내지 못해서 살던 집에서 쫓겨나는 사람들…… 결국 우리가 살고 있는 이 잔인한 사회 속에서 우리가 한탄하는 사회 문제들로 이어지게 된다.

우리의 민주주의는 자산의 정당하고 공평한 분배를 가로막는 돈에 굶주린 소수 기득권층의 지배하에 있다. 지구촌의 모습처럼 우리 사회 안에도 거만한 부와 극심한 빈곤이 공존하고 있다. 또한 사회적 불평등이 감당할 수 없을 정도로 심화되었다. 에르베 켐프[2]는 자신의 저서 『과두정치는 이제 그만, 민주주의 만세』에서 어떻게 유럽의 민주주의가 근래에 이르러 정치, 경제 그리고 매스컴의 권력을 소수의 사람들이 독점하는 과두정권으로 향해가고 있는지를 완벽하게 설명하고 있다.

새로운 과두정치는 불신을 전파하고 국민을 무시하고 있다. 과두정치는 국민을 어떻게 판단하고 행동해야 하는지를 모르는 어린아이같이 여기며, 그러기에 국민을 위해 통치해야만 한다고 주장한다.

최고의 경제적 효율을 모색한다는 주장하에 '부드러운 독재(dictaduras blandas)'의 수립조차 정당화하려는 지경에 이른 몇몇 사상 노선이 있다. 그리스나 이탈리아에 '전문가' 정부가 들어서도록 한 것은 금융시장의 논리에 민주적 정치권력이 예속된다는 의미가 아니겠는가?

현재 불완전한 우리의 민주주의는 각 나라와 세계적 차

---

2) 에르베 켐프(Hervé Kempf, 1957~) : 국제문제를 전문적으로 다루는 프랑스《르몽드》의 신문기자이다.

원에서 해야 할 일에 대해서 소수의 힘 있는 사람들이 자기들끼리만 토론하고 결정하면서 민주주의를 자신들만을 위한 것으로 만들어 버렸다. '삼자 위원회'[3]에서 '다보스포럼'[4]까지 그리고 '빌더버그 클럽'[5] 등 전 세계적으로 영향력 있는 사람들의 모임이 증가되고 있다. 그러는 사이에 시민들은, 소수의 사람들이 사전에 그들끼리 결정한 사항을 투표로 판단할 기회조차 점점 박탈당하고 있다.

스페인에서 최근 몇 달 동안 밝혀진 부패 사건들은, 사회를 지배하는 소수 특권층의 역할을 지지하며 무책임한 문화를 낳고 있는 정치권력과 경제권력 사이의 야합을 생생히 보여준다. 그것은 어느 때보다 더 절박하게 진정한 도덕성으로 재무장한 공적 생활을 요구해야 할 필요성을 제기한다. 부패는 세계적인 현상이다. 그 각각의 부패 전

---

3) '삼자 위원회' : 미국, 유럽, 일본 사이의 협력을 더욱 강화하기 위해서 1973년에 세워진 국제 조직이다.

4) '다보스포럼' : 스위스 다보스에서 개최되어 '세계경제포럼'이라는 공식 명칭 대신 '다보스포럼'으로 많이 불린다. 세계의 주요 인사들이 대거 참석하여 경제 이외에 정치적인 문제에 대해서도 다루면서 각 국가들의 정책에 영향을 미치고 있다.

5) 빌더버그 클럽 : 해마다 세계에서 가장 영향력 있는 약 130명 정도의 인사들이 참석하는 모임이다. 클럽 이름은 이 모임이 1954년 네덜란드 빌더버그에서 처음 개최된 데서 유래한다.

선에 맞서 싸워야 한다. 도덕적 연설만으로는 충분하지 않다. 우리 스스로 직접 행동에 옮기면서, 행정부의 국가 공무원 등 사회적 사명이 있는 이들의 도덕성을 회복시키기 위해 점점 높은 엄격성을 부과해야만 한다.

켐프의 책 제목이 언급하는 것처럼, 이제 과두정치의 지배는 충분하다고 선언하고 진정한 민주주의를 되찾을 순간이 도래했다. 시민들은 높은 책임감을 가져야 한다. 시민들은 근본적인 개혁을 수행하도록 정부에 압력을 가하기 위해 결집해야만 한다. 우리의 민주주의는 막다른 골목에서 나와서 원기를 회복하는 것이 필요하다. 만약 각자가 우리의 운명을 한탄하며 앉아 있기만 한다면 아무것도 얻을 수 없을 것이다. 일어나서 행동해야만 한다. 참가해야만 한다. 시민들의 결정적인 결집이 없었다면, 베를린 장벽은 결코 무너지지 않았을 것이다.

꼭 필요한 변화를 가져오도록 광범위한 여론을 모아 강력한 시민운동을 일으키는 것이 필요하다. 변화는 대지진에서 오는 것이 아니라 큰 강을 이루는 작은 지류들처럼 모든 차원에서의 개혁과 변화를 위한 수많은 행동들로부터 나온다. 내가 이미 말했던 것처럼, 정치적인 차원에서 정당에 가입하는 것을 주저해서는 안 된다. 내부로부터 그 기능을 변화시키고 민주적 참여, 사회 경제, 환경에 관한 우리의 견해를 진전시키기 위해서 그 구조 속에 침투해야 한다. 전통적으로 좌파가 방어했던 근본적인 가치들을 바꾸라는 것이 아니라 그것에 새로운 활력을 불어넣으라는 것이다.

현재의 정당 체계는 다른 나라들에서처럼 스페인에서도 위기에 봉착해 있다. 부패 사건들로 인해 권위가 추락하고, 세상을 변화시키는 것보다 자신들의 정치적 생존과 할당된 권력만을 챙기는 데 더 관심 있는 부패한 정치인들이 지도하는 정당들을 사람들은 신뢰하지 않는다. 폐쇄되고 봉쇄된 메커니즘으로 새로운 수혈 없이 늘 같은 얼굴들만 등장하여 질식할 것 같은 스페인의 선거 제도는 꼭 필요한 개혁을 방해하고 있다. 우리들은 정당들이 처음부터 선거제도를 일반화시키고 참여를 위한 새로운 통로를 열면서 당원들에게 목소리를 내게 해야 한다. 그리고 지지자들, 시민 단체 그리고 다른 집단들과 새롭고 유익한 관계를 형성하면서 사회와 소통하게 해야 한다.

좌파 정당들, 특히 그 중에서도 가장 중심이 되는 스페인 사회노동당(PSOE)[6]의 지도자들은 시민들의 요구와

---

6) 스페인 사회노동당(PSOE) : 파블로 이글레시아스가 1879년에 설립한 스페인의 정당으로, 현재 사회민주주의 사상을 표방하고 있다. 정치적 스펙트럼에서는 중도좌파에 위치한다.

'분노한 사람들' 의 권리 회복에 앞장서야만 한다. 현 상황이 봉쇄되고 붕괴되기 일보 직전이라는 것을 인식해야만 한다. 그렇기에 새로운 사회 계약과 민주주의를 철저히 실천할 수 있는 개혁이 필요하다. 현 지도자들은 도전을 감당할 수 있는가? 아마도 꼭 필요한 변화를 시작하기 위해서 젊은 세대의 지도자들과 이전 시기의 스페인 역사를 기억하고 있는 기성세대 지도자들 간의 동맹이 모색되어야만 할 것이다.

오늘날 민주주의의 기능에 의문이 제기된다면, 그것은 의심의 여지 없이 지금까지 우리가 언급했던 이러한 과두정치에서 비롯된 것이다. 또한 시민운동의 활력이 상실되고, 무력감과 무관심이 팽배해진 것도 하나의 이유가 된다. '분노한 사람들' 현상은 사회를 활성화시킬 수 있는 새로운 물줄기가 있다는 신호였다. 그러므로 이러한 동력을 상실해서는 안 된다. 우리 사회의 변화는 각 개개인들에 의해서 시작되어야만 한다. 우리 자신들에 의해서 말이다.

시장독재에 대항하여

금융시장을 진정시키려는 의도로 유럽에서 실시되고 있는 인정사정없는 긴축 정책은 단지 사회적 긴장을 야기하는 것뿐만 아니라 기대한 효과마저 얻지 못하고 있다. 이러한 정책 덕분에 스페인이 현재 국가 채무의 문제에서 과거보다 덜 위협받고 있다고 말할 수 있는 사람은 아무도 없다. 완전히 정반대이다. 그러는 사이에, 경제 활동은 계속 위축되고, 실업률은 천정부지로 치솟고 있다.

노벨상 수상자 조지프 스티글리츠[1]와 아마르티아 센[2]

---

1) 조지프 스티글리츠(Joseph Stiglitz, 1943~) : 미국의 컬럼비아 대학교 교수이자 경제학자로서 2001년 노벨 경제학상을 수상했다. '세계화' 에 대한 신랄한 비판으로 큰 반향을 불러일으켰다.

2) 아마르티아 센(Amartya Sen, 1933~) : 1998년 노벨 경제학상을 수상한 인도의 경제학자이자 철학자이다. 불평등과 빈곤 문제를 경제학에서 본격적으로 다룬 학자로 널리 알려졌다.

같은 경제학자들은 시장이 모든 대륙에 부과한 긴축정책이 경제활동 위축으로 이어져 국가의 재정 수입 역시 줄어들게 하므로, 채무 문제를 해결하지도 못한 채 위기를 더 악화시키며 실업자만 더 양산시키고 있다고 계속해서 경고하고 있다.

긴축 처방은 이미 1930년대 유럽에서 발생한 대공황 당시 실패했으며, 지금 다시 실패하고 있는 중이다. 역사는 그것이 유일한 길도 적당한 길도 아니라는 것을 보여주고 있다. 1929년 대공황의 위기가 발생한 얼마 후에 미국 대통령직에 오른 프랭클린 루스벨트가 했던 것을 관찰해 보면 된다. 루스벨트는 금융시장을 진정시키려고 하지 않고 통제하고 지배하려고 했다. 단지 세 달 만에 매우 빠르게 채택된 총 15개의 법안으로 그는 향후 40년 동안 미국이 진정으로 어떤 심각한 위기도 겪지 않게 할 만큼 미국 경제를 다시 제대로 작동하게 했다. 투자를 하자마자 그로 인해 채무가 증가되지 않고 급여가 상승했다.

대량생산 체제를 노동자들의 생활수준 향상과 연결시켰던 모델인 '포드주의'(자동차 산업을 개척한 사람의 이름인 포드에서 유래) 원칙으로 배양된 경이적인 산업 팽창이 계속되던 시절이었다. 이 모델은 또한 유럽에도 깊숙이 영향을 미치게 되었다. 물론 파괴와 재건축이 계속되었던 2

차 세계대전과 마셜 플랜[3]의 영향을 부정할 수 없다. 그러나 경제 정책을 지휘하고 금융 시장을 통제하는 또 다른 방법이 존재한다는 것은 분명하다. 이 모델은 1980년대 로널드 레이건의 신자유주의 혁명[4]이 그 모든 것에 종지부를 찍을 때까지 작용했다.

경제는 그 자체의 논리로 고려되어야 하고, 국가가 적게 간섭할 때 더 좋은 성과가 나온다는 밀턴 프리드먼[5]과 시카고학파[6]의 이론은 완전히 어긋났고, 현재 나타나고 있는 것처럼 우리를 심각한 위기로 이끌었다. 오늘날 우리는 1930년대와 매우 유사한 상황에 놓여 있다. 루스벨

---

3) 마셜 플랜 : 공식적으로는 '유럽 부흥 계획'으로 명명된 것으로 미국 국무장관인 마셜이 제2차 세계대전 후 유럽 국가들의 경제성장을 촉진하는 동시에 공산주의의 확산을 막고자 제안한 계획이었다.

4) (로널드 레이건의) 신자유주의 혁명 : 1970년대 석유 파동과 함께 나타난 경제 불황으로 인해 모든 경제 문제를 정부가 적극적으로 개입해서 해결할 수 있다는 환상이 깨지면서, 미국 대통령이었던 레이건이 정부 역할을 최소화하고 시장 경쟁을 확대한 경제정책을 펴게 된 것을 일컫는다.

5) 밀턴 프리드먼(Milton Friedman, 1912~2006) : 1976년 노벨 경제학상을 수상한 미국의 경제학자로 시카고 대학의 교수를 역임했다. 자유 시장 경제 원리의 방어자로 알려졌으며, 미국의 닉슨과 레이건 정부의 경제 정책에 지대한 영향을 미쳤다.

6) 시카고학파 : 하이에크, 프리드먼, 스티글러 등 일단의 시카고 대학교 경제학자들을 일컫는 말이다. 케인스 경제학에 대립하여 자유 시장 경제 원리를 주창하였다.

트와 같은 용기를 보여주어야만 한다. 그리고 그와 같이, 즉각적인 대책을 채택해야 한다.

긴축의 함정에 빠지지 않고 위기에 맞설 수 있도록 신중하게 채택될 수 있는 일련의 대책들이 있다. "감행하라. 더 멀리, 더 빨리"라는 타이틀 아래 2012년 10월 툴루즈에서 개최된 프랑스 사회당 마지막 회의에서 우리는 피에르 라루투루[7]와 플로렌스 오지에[8]와 함께 제출한 동의안에 그것들을 포함시켰다. 또한 '2012 루스벨트 연대' 에 의해서 제안된 개혁안들도 이와 동일한 것들을 포함하고 있다. 기본적인 대책들 중 하나는 시장의 횡포에 유럽의 몇몇 나라들이 굴복했고 유로 존을 위기에 빠지게 했던 악순환을 깨도록 하는 것이다. 은행들이 중앙은행을 통해 1% 심지어는 0.1%의 턱없이 낮은 이자를 내고 자금 지원을 받을 수 있으면서, 스페인의 경우에서 보듯이 자신들은 국가에 6% 내지 7% 심지어는 그 이상의 이자를 받는다는 것은 상상할 수 없는 일이다. 이러한 의존 관계에 제동을 걸기 위해서, 유럽의 협약을 손상시키지 않으면서

---

7) 피에르 라루투루(Pierre Larrouturou, 1964~) : 프랑스의 정치가이자 경제문제 전문가이다.

8) 플로렌스 오지에(Florence Augier) : 프랑스 사회당의 일원으로 스테판 에셀과 함께 사회연대 경제 대책을 제안했다.

간접적으로 호소할 수 있는 대책으로 국가는 유럽중앙은행(BCE)을 통해 합리적으로 재정지원을 받아야 할 것이다. 이때, 유럽중앙은행은 국가적 영역의 다른 공적 금융기관을 통해서 대부금을 조절하도록 해야 할 것이다. 또한 금융기관이 우리의 돈으로 투기하는 것을 막아야 한다. 이를 위해 산업은행과 저축은행의 활동을 루스벨트가 그랬던 것처럼 분명하게 구분해야 할 것이다. 세금 피난지에 대한 싸움, 금융 거래에 알맞은 세금 부과, 기업과 부유한 사람들에게 부여한 수많은 세금 면제 혜택 취소 또는 사회적 덤핑*을 피하기 위해서 배당금에 대해 공통과세(절반 정도의 유럽은 미국보다 훨씬 더 낮다)하는 것은 작금의 위기에 맞설 수 있는 일련의 조치들일 것이다.

또 다른 차원에서, 현재와 같은 위기 상황에 노동자들을 보호할 목적으로 독일이나 미국의 여러 주에서 시행하고 있는 '근로시간 단축제도'(독일에서는 '크르츠아르바이트Kurzarbeit' 로 불림)를 대안으로 고려함으로써, 어려움에 처한 기업들에서 자행되는 대량 해고에 제동을 걸어야 할

* (원주) 사회적 덤핑이란 노동자들에 대한 사회적 보호가 매우 취약하고 노동환경은 매우 열악하며 노동시간은 매우 높은 데 비해 임금은 매우 낮은 나라에서 어떤 기업이 이러한 조건을 발판으로 경쟁사들보다 훨씬 낮은 가격으로 물건을 만들어 팔 때 나타나는 현상이다. 이때 불공정 경쟁 상황이 발생한다.

것이다. 노동자들이 하는 전체 일의 20%를 줄이는 것과 그 회사 노동자들의 20%를 해고하는 것은 사회적 반향이 엄청나게 다르다…… 마찬가지로 실업수당을 연장하고, 실업자들이 다시 노동 현장으로 쉽게 돌아갈 수 있는 교육을 용이하게 받을 수 있도록 하는 것도 절박한 일이다.

또한 위기는 우리에게 이 지구를 더 존중할 수 있는 새로운 성장 모델을 주창할 기회를 제공하기도 한다. 우리는 지금까지 자연 환경에 약간의 관심만을 보여 왔다. 이제 이를 위한 진정한 도약을 행할 시간이다. 지구의 자원들은 결코 고갈되지 않는 것이 아니다. 그렇기에 우리가 계속 이렇게 간다면, 우리의 미래는 심각한 위험에 처해질 것이다. 이제 새로운 세대들은 막중한 책임을 가지고 있다. 또한 절호의 기회도.

우리는 천연자원과 에너지원을 합리적이고 지지를 얻을 수 있는 방식으로 개발해야 되는 책무를 갖고 있다. 우리는 모든 의미에서 낭비를 줄여야 한다. 우리의 에너지 소비는 과도하다. 에너지를 절약할 수 있는 야심찬 프로그램을 시도하고 동시에 재생가능 에너지를 진정으로 준비해야 할 것이다. 이 분야에서 우리는 엄청난 기회들을 갖고 있고 수많은 일자리를 창출해 낼 수 있을 것이다. 또한 우리는 환경 친화적인 농업과 목축업을 발전시켜야 할 것이다.

『희망의 길』에서 내가 에드가 모랭과 말했던 것처럼, 우리는 광적인 소비를 중단하고 '감소(decrecimiento)' 라는 새로운 경제 모델을 주창해야 할 것이다. 물론 가난한 나라들 또는 개발도상국들이 높은 수준의 복지에 도달할 기회를 가지려는 것을 막을 수는 없다. 하지만, 우리들은 지나치게 낭비하는 소비문화를 끝내야만 한다.

재생가능 에너지(태양광, 풍력, 수력, 지열), 유기 농업, 사회연대 경제, 교육, 문화 같은 영역들에서는 '성장' 해야 한다. 하지만, 화석과 원자력 에너지, 산업화된 농업, 필요 이상의 소비재, 군비 산업 등은 '감소' 해야 한다.

우리가 참여할 수 있는 많은 전선들이 있다. 우리 시민들은 생산자와 소비자로서 무슨 일이 있어도 이익을 얻기 위한 헤게모니를 거부하는 새로운 경제체제를 만들어 가야 한다. 즉 현재의 대량 소비 경제를 멀리하고 전체 이익을 존중하는 정당한 경제를 추동하고, 사회연대 경제를 강화하면서 우리가 상상하는 경제로 나아가는 데 힘쓰는 것이 최선의 길이다.

이러한 의미에서 프랑스에 매우 흥미로운 사례가 있다. 농민과 수십 명의 소비자들을 연결하는 직거래 운동 조직인 아맙(AMAP)[9]에 대한 것인데, 소비자들은 농민의 규칙적인 수입을 보장하고(소비자들은 농민이 개발하는 데 투자하고 추수하는 데 재정 지원을 한다) 그 대신 친환경적이고 믿을 수 있는 기준으로 재배된 그 고장에서 생산된 신선한 농산물을 받는다. 이렇듯 소비자로서 조직된 시민들은 큰 힘을 가질 수 있다.

오늘날 이야기되는 세계화의 본질 또한 바뀌어야만 한다. 경제적 신자유주의에 의해서 부과된 세계화의 개념은 이제 그만 버리고, 지구상의 모든 주민들이 운명공동체로 통합된다는 의식으로서, 인간과 문화의 교류를 용이하게 할 수 있는 척도로 세계화의 의미를 사유해야 한다. 세계 무역을 할 때, 사회와 환경 보호에 관한 동일한 규준을 모든 나라가 준수하게 하는 새로운 규칙을 도입하는 것이 반드시 필요하다.

---

9) 아맙(AMAP) : '시골 농민 보호를 위한 연합' 의 약자이다. 신뢰를 바탕으로 한 직거래 형태로 농민은 소비자의 후원을 받아 생계를 보장받는 대신에 신선하고 친환경적인 농산물을 소비자에게 공급한다.

세상을 변화시키기 위해서는 어느 때보다 더 총동원이 필요하다. 우리들은 비전과 용기를 가진 지도자들을 필요로 한다. 그러나 변화를 추동하고 배양하는 사람들은 바로 시민들 자신들이다. 그렇기에 유럽의 지도자들은 그들의 요구에 주의를 기울이지 않을 수 없을 것이다. 프랑스에서 프랑수아 올랑드 대통령은 단지 긴축의 논리에 갇히는 것을 거부하고 독일보다 앞서는 일련의 진전된 조치를 취했다. 마리아노 라호이 스페인 총리는 독일 총리인 앙겔라 메르켈에게 공공 적자 축소 속도를 유연하게 할 것을 요구했다. 나는 유럽연합 27개 국가 중에서 개방을 추진할 수 있는 나라가 상당수 있다고 생각한다.

현재의 위기는 우리가 최근 수십 년 동안 사회적으로 안정된 삶을 누리기 위해 획득한 것들을 위험에 노출시키고 있다. 복지국가, 시민과 노동자의 기본권, 건강과 교육에 대한 권리, 언론의 자유 등, 이 모든 것이 오늘날 오만한 돈의 힘과 시장 독재에 의해 위협받고 있다.

1944년 프랑스에서 전국 레지스탕스 평의회는 프랑스 사회 모델의 토대이자 정치와 사회적 권리의 근간을 이룬 개혁안을 채택했는데, 그것은 오늘날까지 상당부분 유효하다. 사회보장제도의 창설, 주 40시간 노동제(후에 프랑스에서 35시간으로 축소됨), 최저 임금제, 연금, 은행과 에너지 대기업의 국가 통제 등은 사적 이익보다 전체 이익을 우선시했던 범국가적 협약에서 나왔다.

아마도 우리는 오늘날 자유로운 사회, 인권, 민주주의의 가치를 방어하기 위해 새로운 레지스탕스 평의회를 또다시 창설하는 것이 필요할 것이다. 그러나 이번에는 유럽적 차원에서 필요한 것이다.

유럽, 우리의 유일한 희망

유럽은 우리의 유일한 미래다. 세계적인 위기를 벗어나기 위한 우리의 유일한 희망은 강한 유럽을 건설하는 것이다. 그 밖의 다른 출구는 상상할 수 없다. 우리는 지금 어느 때보다도 진정한 유럽연합을 필요로 한다.

지금 유럽은 확실히 어려운 상태다. 그런데 이러한 사실로 인해 최근 몇 년 동안 우리가 이룩한 위대한 진전을 망각해서는 안 될 것이다. 우리에게는 유럽연합의 대통령이 있다. 우리에게는 진정한 힘을 가진 유럽의회가 있다. 위기에 시달린 유럽의 국가들은 차츰 진정한 경제 연합의 토대를 세우고 있다. 그럼에도 불구하고, 이 모든 것으로는 아직 충분하지 않다. 훨씬 더 멀리 가야만 한다.

우리는 유럽연합이 분산되고, 연합정신이 결여되고, 민주적 요소가 부족한 면을 극복해 내야 한다. 헤르만 반 롬

퓌이[1] 유럽연합 정상회의 상임의장과 캐서린 애쉬튼[2] 유럽연합 외교대표는 할 수 있는 것만을 한다. 다시 말하자면, 아무것도 할 수 없거나, 할 수 있다 해도 극히 미미하다. 그들은 그 이상 아무것도 할 수 없다. 왜냐하면 각 국가들이 권한을 양도하는 데 지나치게 신중해서 진정한 연합을 위태롭게 하기 때문이다. 룩셈부르크 국무총리인 장 클로드 융커[3]는 하나의 유럽이 현실이 되도록 하기 위해서 많은 일을 했다. 그러나 사람들이 그를 많이 도와주었는지는 의문이다.

우리의 도구는 아직 불완전하다. 그리고 우리의 대답 역시 불충분하고 늦다. 그것은 유로의 위기가 어떻게 시작되었는지, 아프리카의 말리에서 전쟁과 함께 일어났던 일이 무엇이었던가를 보면 안다. 그곳에서 이슬람주의자들은 거의 우리의 문 앞에서 권력을 잡은 채 테러 국가를 세우려 위협을 가했다. 그 전쟁에 군대를 파병한 프랑스

---

1) 헤르만 반 롬퓌이(Herman van Rompuy, 1947~) : 벨기에 출신의 정치인으로 총리를 거쳐, 2009년에 제1대 유럽연합 정상회의 상임의장으로 선출되었다.

2) 캐서린 애쉬튼(Catherine Ashton, 1956~) : 영국 출신의 정치인으로 유럽연합의 외교안보 정책 고위대표이다.

3) 장 클로드 융커(Jean-Claude Juncker, 1954~) : 유럽통합에 적극적으로 참여했으며 유럽연합 확대를 지지하는 룩셈부르크 국무총리이다.

가 받았던 도움은 별로 없었다…… 유럽이 프랑스를 아프리카에 홀로 남겨둔 것은 놀랄 만한 일이다!

통합된 유럽은 우리의 유일한 미래다. 우리 세대의 많은 사람들이 생각하는 것처럼 나는 우리가 강하고 견고하며 연방제를 지향하는 하나의 공동 정책을 가진 유럽을 건설하지 못한다면 중국, 인도, 러시아, 미국 등과 같은 열강들이 참여하는 세계 발전에 함께할 수 있는 모든 기회를 잃어버릴 것이라고 확신한다. 강한 유럽 건설은 필수 불가결하다.

우리는 중대한 순간에 있다. 그러나 이 순간을 잘 헤쳐나갈 수 있는가? 최근 극단적으로 소심한 자세를 취하고 있는 독일과 프랑스는 실제로 연방제 유럽을 건설하기 위해서 정치권력을 양도할 수 있을까? 그 발걸음을 내딛을 수 있을까?

스페인은 유럽연합에서 긍정적인 역할을 수행했다. 의심할 바 없이 미래의 유럽 연방 건설에 필수적인 회원이 될 것이다. 스페인 사람들은 항상 유럽 통합주의에 대한 깊은 애정을 보여주었다. 하지만 아직도 그러한가? 새로운 세대도 그렇게 생각하는가? 긴축 정책은 시민들 사이에서 유럽의 이미지를 손상시키고 있다. 그러나 젊은이들은 깊이 성찰해야만 한다.

어느 때보다도 앞으로의 위대한 도약이 필요하다. 유럽을 재결집시킬 수 있는 우리의 능력을 과소평가하지 말아야 할 것이다. 볼프강 쇼블레[4] 독일 재무장관은 모든 유럽 시민들의 직접 보통선거에 의해 유럽연합의 대통령과 유럽 공동체 위원회 의장의 직책들을 단 한 사람으로 모을 것을 제안했다. 조슈카 피셔 독일 전 외무장관은 유럽합중국을 향해 나아갈 것을 공개적으로 제안한다. 프랑수아 미테랑과 니콜라 사르코지, 두 명의 프랑스 대통령들에게 조언을 했던 수필가 자크 아탈리[5]는 고유하고 차별적인 유럽 조세 제도를 동반한 하나의 유럽 여권과 시민권의 창안을 옹호한다. 생각들은 부족하지 않다. 모든 생각들이 다 환영받는다. 그런데, 경제적 · 정치적 통일을 앞당기게 하는 것은 실제로 그것을 채택하는 일이다. 비록 매우 작거나 불충분하게 보일지라도 먼저 그것을 채택해야만 한다.

우리는 피셔와 동일한 선상에서 유럽 기관들의 심오한 개혁을 옹호한다. 유럽연합은 정부 사이의 성격인 현재

---

4) 볼프강 쇼블레(Wolfgang Schäuble, 1942~) : 독일의 변호사이자 기독민주당의 정치인이다. 재무부 장관을 맡고 있다.

5) 자크 아탈리(Jacques Attali, 1943~) : 프랑스의 작가이자 경제학자이며 정치가이다.

의 운영시스템을 그만두고, 연방의 틀 안에서 진정한 의회 제도를 채택해야만 한다. 유럽 공동체의 새로운 정부는 유럽의회 내에 존재하는 정치적 다수에 따라 선출되어야 할 것이다. 민주적 합법성에 의해 강화된 브뤼셀 정부는 외교와 국방, 치안, 화폐, 무역, 농업 정책, 과학 연구 등에 관한 공통의 과제를 담당할 것이다. 우리는 진정한 외교와 군대를 소유한 정치적으로 통일된 유럽을 건설해야 할 것이다. 그리고 또한 사회적으로 통합된 유럽으로.

모두가 이 길을 따를 수 있도록 준비된 것은 아닐 것이다. 영국인들은 이 문제에 대해 신중할 뿐만 아니라 데이비드 카메룬 영국 총리가 했던 것처럼, 심지어 대열에서 이탈함으로써 우리를 씁쓸하게 한다. 그러면 그로 인해 우리의 목표를 포기해야만 하는가? 어떤 희생을 치르더라도 영국과 함께 이 새로운 유럽을 건설해야만 하는가? 이것은 커다란 문제이다. 우리는 당장 영국인들이 자신들 없이 일이 잘 진행되는 것을 참을 수 없어 할 것이라고 말할 수 있다. 그러나 동시에 영국 민주주의를 오랫동안 찬양해 온 나는 조만간 영국이 유럽연합에 참여할 거라고 생각한다.

영국 보수층 사이에서 유로 회의론이 확대되는 것은 많은 유럽 국가들에서 만날 수 있는 것처럼, 자신들 고유의 정체성이 후퇴할까봐 염려하는 증상이다. 영국에는 매우 반유럽적인 민족주의 정당인 영국독립당(UKIP)[6]이 성장하고 있다. 프랑스에서 국민전선(FN)[7]은 국가주의적 태도를 극단화함으로써 우파 공화당도 이에 말려들 수 있기 때문에 커다란 위협이 되고 있다. 다른 유사한 경우들이 있는데, 예를 들어 헝가리에는 극우 민족주의 정당인 요빅(Jobbik)[8]이 있다. 독일에서는 다행스럽게도 이러한 궤도 이탈이 이번에는 동일한 힘을 내지 못하고 있다. 스페인에서는 과거 프랑코 국가주의가 국가 발전에 엄청난 악영향을 미친 것을 경험했기 때문에, 다시는 그런 상황이 되풀이되지 않기를 바라고 있다.

이러한 현상과 나란히, 우리는 또한 지역 민족주의의 부활을 목도하고 있다. 스코틀랜드, 카탈루냐, 바스크 지방 그리고 유럽의 다른 모퉁이에서 고유의 국가를 이루거나 회복하려는 열망이 점증하고 있다. 나는 그런 유혹이 존재한다는 것을 인정하지만, 유럽을 위해서는 좋지 않다고 생각한다. 그리고 나는 그것이 성공할 거라고는 보지

6) 영국독립당(UKIP) : 반 유럽연합주의를 표방하는 영국의 민족주의 보수정당이다.

7) 국민전선(FN) : 프랑스 중심주의를 표방하는 극우 민족주의 정당이다.

8) 요빅(Jobbik) : 2003년에 설립된 헝가리의 극우 민족주의 정당이다.

않으며, 유럽에서 새로운 국가들의 출현을 기대할 수 있을 거라고는 믿지 않는다. 스페인에서 행해졌고, 스코틀랜드에서 진행되고 있는 것처럼, 정치적 자치권을 더 많이 양도하는 길로 나아가는 것은 가능하다. 그러나 더 멀리 갈 수 있다고는 믿지 않는다. 현 국가들이 내버려두지 않을 거라고 생각한다. 나는 유럽연합이 일부의 사람들이 생각하는 것처럼 지역들의 연합이 아니라 계속해서 국가들 사이의 협력의 결과에서 비롯될 거라고 생각한다.

카탈루냐의 경우에는, 경제 위기와 불만족스럽게 작동하는 민주적 시스템, 그리고 정당하게 대우받지 못하고 있다는 느낌 등이 많은 카탈루냐 사람들에게 독립 국가가 더 나을 거라는 생각을 심어준 것 같다. 이해할 만하다. 하지만 위험하다. 나는 그것이 옳은 길이라고 보지 않는다. 내 생각으로 보다 근본적인 것은 각각의 나라에서 진정으로 민주적인 정부를 세우기 위해 투쟁하는 것이다. 그것이 '분노한 사람들'의 목표가 될 것이다. 과두제로 통치되는 카탈루냐가 과두제로 통치되는 스페인보다 너 낫지 않을 것이다.

유럽에서 민족주의적 정서의 확대는 어떤 경우에도 우려할 만한 일이다. 현재의 상황은 내게 조금은 1930년대의 상황을 떠오르게 한다. 우리가 겪고 있는 심각한 위기는 민족과 영토 문제에서 외국인 혐오나 인종주의 같은 부작용을 낳을 수 있다. 더 나아가 파시즘과 반유대주의의 부활로 이어질 수 있다. 민족주의와 유로 회의주의가 확대되고 강요되는 것을 우리가 그냥 방관한다면 우리는 역사의 가장 어두운 쪽으로 다시 끌려들어가는 위험에 놓일 것이다.

야망을 가져라!

유럽인들은 어느 나라나 참기 어려운 역사적 순간들을 살아왔다. 유럽의 역사는 빛과 그림자, 선과 악 사이의 극단적인 흔들림과 대조로 가득한 고통스런 역사이다. 그러나 또한 정치적 지성의 역사이다. 갈릴레오부터 오늘날까지, 르네상스부터 빛의 세기까지 유럽은 비할 데 없는 역사적 자산을 축적해 오고 있다. 인간을 불행으로부터 구한 수많은 변화와 전진을 달성한 곳이 바로 유럽이다. 터널의 출구를 향해 우리를 인도하는 빛이 유럽에서, 말하자면 우리들 자신에게서 분출되어야만 한다. 그것이 우리의 책임이기 때문이다.

세상은, 우리가 알고 있는 세상은 죽음의 위험에 놓여 있다. 사회적 · 경제적 부정으로 또는 환경 파괴로, 또는 이 모든 것을 통해서 소멸될 수 있다. 우리는 그것을 허락

할 수 없다. 우리는 새로운 길을 열어야 할 것이다. 우리는 새로운 미래를 세우기 위해 건설적인 비전을 필요로 한다.

이를 위해서 우리는 야망이 필요하다. 자기 자신에 대한 신뢰와 용기에서 태어나는 야망. 세상 일이 저절로 해결될 거라고 생각하는 사람들의 낙관주의에 빠져서는 안 된다. 또한 아무것도 할 수 없다고 믿는 사람들의 염세주의에 빠져서도 안 된다. 우리는 야망을 가져야만 한다. 포기하지 마라!

스테판 에셀의 삶과 사상

조효제(성공회대 사회과학부 교수)

2013년 2월 27일 수요일, 파리의 바스티유 광장에서 거행된
스테판 에셀의 장례식.
프랑스의 프랑수아 올랑드 대통령은 "말로 표현할 수 없을 만큼 위대한 인물,
레지스탕스의 화신을 잃었다" 고 애도했다.

스테판 에셀의 삶과 사상

조 효 제 | 성공회대 사회과학부 교수

2013년 2월 27일 수요일, 파리의 바스티유 광장에 수백 명의 인파가 몰려들었다. 프랑스 혁명이 시작되었던 역사적 자리에 모인 이들은 한 노인의 사진을 앞에 두고 촛불을 켜고 명복을 비는 의식을 가졌다. 엄숙한 자리에 어울리지 않게 발랄한 복장을 한 젊은이들이 초 한 자루씩을 바치는 행렬이 길게 이어졌다. 그날 새벽 세상을 떠난 스테판 에셀을 추모하는 자리였다. 같은 시간 유엔인권이사회의 회의장에 모인 세계 각국 대표들은 회의를 시작하기 전 일제히 기립하여 1분간 묵념의 시간을 가졌다. 국제 인권운동의 거인을 잃었다는 의장의 추모사가 이어졌다. 유엔인권이사회 역사상 타계한 개인을 위해 공식적으로 묵념행사를 한 것은 처음 있는 일이었다.

프랑스의 프랑수아 올랑드 대통령은 "말로 표현할 수 없을 만큼 위대한 인물, 레지스탕스의 화신을 잃었다"고 애도하면서 "모든 세대에게 영감의 원천이자 기준"이 되었던 에셀의 생애를 기렸다. 페이스북에 오픈된 '스테판 에셀을 위한 백만인 조문록'은 순식간에 채워졌다. 수요일 하루 종일 대서양을 사이에 두고 유럽과 미국의 트위터에서 제일 많이 회자된 이름도 '스테판 에셀'이었다.

독일의 잡지 《디 자이트》지는 에셀을 '전 세계 민주화의 사상적 대부'라고 칭하면서, '아랍의 봄'으로부터 '월가를 점령하라' 캠페인에서 보듯 전 세계인들이 그가 주창한 비폭력 저항사상에 즉각적으로 반응했었다고 보도했다.

미국과 유럽의 주요 언론들은 일제히 장문의 부고기사를 내보내며 그의 일생을 자세히 보도했다. 기사의 깊이나 분량으로 보아 거의 최고 수준의 예우였다. 영국의 《데일리 텔리그라프》와 같은 보수언론에서도 장문의 부고기사를 통해 그의 생애를 아주 자세히 다룰 정도로 이례적인 보도가 이어졌다. 추모의 물결은 그것에 그치지 않았다. 프랑스의 역사적 위인들이 안치되는 국립묘지 팡테옹에 에셀을 모시자는 시민들의 청원 캠페인이 즉시 시작되었다.

캠페인 청원서는 다음과 같은 문구로 되어 있었다.

"우리는 레지스탕스 정신의 중요성을 시민들이 자각하고 집단적 기억 속에 그 정신이 증언되기를 열렬히 희망한다. 이것은 모든 사람의 행복을 위해, 그리고 프랑스의 이상을 위해 한 평생을 바친 스테판 에셀의 삶을 기리기 위해서이다."

이처럼 전 인류를 위해, 그리고 프랑스의 이상을 위해 한 평생을 바쳤다고 추앙된 스테판 에셀은 과연 어떤 인물이었는가. 불과 몇 해 전까지만 해도 프랑스 바깥에 거의 알려져 있지 않았던 사람이 어떻게 그토록 짧은 시간 동안 전 세계적인 인물로 부상할 수 있었는가. 하지만 그의 인생을 돌이켜 보면 그의 "분노하라" 메시지가 21세기 세계인의 양심에 불을 지른 것만큼이나, 에셀의 전 인생은 그 자체로서 교훈적이고 감동적인 것이었다고 할 수 있다.

예사롭지 않은 성장기 그리고 레지스탕스 운동

스테판 프레데릭 에셀(Stéphane Frédéric Hessel)은 1917년 10월 20일 독일의 베를린에서 태어났다. 제1차 세계대전의 포성이 아직 멈추지 않은 시점이었다. 베를린은 프로이센의 수도였으므로 그 어느 곳보다 전쟁의 향방에 예민한 도시였다. 하지만 에셀은 지적이고 문화적인 중산층 가정의 분위기 속에서 자라난 탓에 전쟁의 그늘을 거의 느끼지 못한 유년기를 보냈다. 스테판의 아버지 프란츠(1880-1941)는 작가이자 번역가였다. 비판이론 계열의 저명한 문화비평가인 발터 벤야민과 절친한 사이였던 프란츠는 벤야민과 함께 프랑스 작가 마르셀 프루스트의 『잃어버린 시간을 찾아서』를 독일어로 번역하기도 했다. 이때의 인연으로 에셀은 장성해서도 아버지의 친구 벤야민과 교유를 갖게 된다.

프란츠의 부모, 즉 에셀의 할아버지 하인리히와 할머니 패니는 유대계로서 1880년대에 베를린으로 이주해 와서 루터교로 개종했던 가정이었다. 따라서 에셀은 민족으로 보자면 유대계에 속하면서 종교적으로는 딱히 유대교 신자라 할 수 없는 독특한 가계 내력을 지녔다. 나중에 에셀은 팔레스타인 문제에 대한 자신의 확고한 견해 때문에 유대인들로부터 동족을 배신했다고 비난을 받기도 했다.

에셀의 어머니 헬렌(1886-1982)은 개신교 집안 출신의 저널리스트로서 미모와 지성을 겸비한 재원으로 여류 명사였다.

에셀은 일곱 살 때인 1924년 부모와 함께 파리로 이주했다. 여기에는 약간 복잡한 사정이 있었다. 어머니 헬렌이 프랑스 작가 앙리 피에르 로슈와 사랑에 빠지게 되면서 아예 그를 따라 모든 식구가 파리로 이주해 버린 것이다. 공개적인 삼각관계라 할 수 있었는데 로슈는 이 당시의 경험을 자전적 소설 『쥴 앤 짐』에 자세히 표현해 놓았다. 쥴은 에셀의 아버지 그리고 짐은 로슈에 해당되는 캐릭터였는데, 이 소설의 로맨틱한 설정에 깊은 인상을 받은 프랑수아 트뤼포 감독이 1961년에 동명의 영화를 만들기도 했다. 영화 속에서 쥴과 짐의 구애를 동시에 받는 여성, 즉 에셀의 어머니에 해당하는 카트린느 역할을 잔느 모로가 연기했었다.

이렇게 자유분방한 문화적 배경 속에서 에셀은 집 바깥에서는 프랑스어, 가정에서는 독일어를 쓰면서 자라났다. 이 당시 에셀의 집에는 수많은 지식인, 문화인들이 드나들었다. 단순히 프랑스뿐만 아니라 국제적인 인물들이 하루도 빠지지 않고 찾아왔다. 에셀이 자라면서 알고 지낸 어른들 중 우리가 알 만한 유명인사만 꼽아 보아도 건축가 르 코르뷔지에, 화가 막스 에른스트와 피카소, 초현실주의 작가 앙드레 브르통, 현대파 화가 만 레이, 철학자 사르트르 등이 있었다. 당대 최고의 유럽 지성들 사이에

JEANNE MOREAU
UN FILM
FRANÇOIS TRUFFAUT
JULES
et
JIM
HENRI-PIERRE ROCHÉ
FRANÇOIS TRUFFAUT
JEAN GRUAULT
OSKAR WERNER
HENRI SERRE
MARIE DUBOIS
RAOUL COUTARD
AFPH

영화 〈쥴 앤 짐〉의 포스터

프랑수아 트뤼포 감독이 1961년에 만든 <쥴 앤 짐> 영화 속에서
쥴과 짐의 구애를 동시에 받는 여성, 즉 에셀의 어머니에 해당하는
카트린느 역할을 잔느 모로가 연기해서 깊은 인상을 남겼다.

서 자연스럽게 그 분위기를 익히며 성장한 환경이었던 것이다.

에셀은 열다섯 살 때인 1933년 프랑스의 중등교육 과정을 끝내고 졸업시험에 해당하는 바칼로레아를 통과했다. 철학 논술과 장편 에세이를 제출해야 하는, 어렵기로 유명한 바칼로레아를 보통 아이들보다 일찍 마친 사실 자체가 에셀이 얼마나 조숙한 아이였는지를 말해준다.

그 후 에셀은 영국으로 건너가 런던의 크로이든에 있는 친척집에 살면서 1934년부터 1년간 런던정경대학(LSE)에서 공부를 했다. 이 학교에서는 국제학생들에게 1년간 '일반과정' 이라는 명칭으로, 학점을 정식으로 부여하는 교환학생 제도를 실시하고 있었다. 사회과학 분야만을 전문으로 가르치는 런던정경대학에는 당시 기라성 같은 학계의 태두들이 모여 있었다.

에셀은 저명한 좌파 정치학자이자 노동당의 이론적 대부인 해롤드 라스키 교수의 문하생으로 등록하여 공부하면서 여러 인사들과 안면을 쌓을 수 있었다. 이때 만난 학자와 지성인으로 올더스 헉슬리, 칼 만하임 등이 있었다. 에셀은 또한 프랑크푸르트학파의 젊은 지식인으로 라스키 교수 지도하에 나치즘의 정치적 기원에 대한 박사논문을 쓰고 있던 프란츠 노이만의 활동도 알게 되었다. 에셀이 스무 살도 되기 전이었으니 그가 얼마나 일찌감치 지식인으로서의 삶에 깊숙이 발을 디디게 되었는지 상상할 수 있다. 우연의 일치지만 나중에 미국 대통령이 된 존 F. 케네디가 에셀이 런던을 떠난 직후 1935년 9월 이 학교에 도착하여 라스키 교수의 문하생이 되었다.

에셀이 런던정경대학에서 얻은 또 하나의 수확은 영어를 완벽하게 구사할 수 있게 된 점이었다. 따라서 그는 독일어에다 프랑스어, 그리고 영어를 그저 유창하게 하는 정도가 아니라 완전히 모국어처럼 자유롭게 사용할 수 있게 되었다. 처음 만나는 사람들은 에셀의 말만 듣고는 어느 나라 출신인지 알 수 없을 정도였다.

런던 유학을 마치고 다시 프랑스로 돌아온 에셀은 1939년 파리고등사범(ENS)에 입학했다. 프랑스의 고등교육은 대중의 민주적 시민교육 전통을 잇는 일반대학과 나폴레옹 이래의 엘리트 교육인 그랑제콜로 나뉘어져 있다. 대표적인 그랑제콜인 파리고등사범은 뒤르켕, 사르트르, 시몬느 베이유, 메를로퐁티, 레이몽 아롱, 부르디외 등 프랑스 최고의 인재들을 배출한 학교이다.

에셀과 같은 해에 입학한 동기생으로 마르크스주의 이론가 루이 알튀세르가 있었다. 대학에 입학한 직후 에셀은 러시아 출신의 유대계 여성인 비치아 미르키네-게체비치를 만나 결혼했다. 어머니의 반대를 무릅쓰고 밀어붙인 결혼이었다. 이들 부부는 전쟁 후 딸 하나, 아들 둘을 낳았고, 비치아가 1985년 먼저 세상을 뜰 때까지 행복한 결혼생활을 누렸다.

에셀에게 1939년은 여러모로 의미 있는 시점이었다. 명문대학에 입학하고 결혼을 한 데다 정식으로 프랑스 국적을 취득하기도 한 해였기 때문이다. 어릴 때 파리로 오긴 했지만 그때까지 에셀은 법적으로 독일 국적을 보유하고 있었던 것이다. 하지만 프랑스 국적을 취득하자마자 9월 1일 독일이 폴란드를 침공하면서 제2차 세계대전이 발발했고 에셀은 그 즉시 프랑스군에 보병으로 징집되어 전방에 배치되었다. 그러나 다음 해 6월 에셀이 속한 부대가 독일군에 무조건 항복함으로써 에셀은 자동적으로 전쟁포로가 되기에 이르렀다. 하지만 에셀은 투항을 거부하고 탈영하여 민간사회로 숨어들었다. 도망 다니던 중 그는 툴루즈에서 아내와 잠시 재회하기도 했다.

프랑스는 1940년 나치에 의해 점령되었고 필립 페탱 원수가 프랑스를 대표하여 독일과 휴전협정을 체결하였다. 그 후 프랑스는 독일이 직접 관할한 북서부, 이탈리아가 관할한 남동부, 그리고 페탱 원수가 명목상의 국가수반이 되어 이른바 '자유구역'에 수립한 비시 정부로 삼등분되었다. 나치에 협력하는 프랑스의 비시 정부에 차마 가담할 수 없었던 에셀은 영국으로 떠나기로 마음먹었다. 당시 적국으로 분류되던 영국으로 직행하기는 어려웠으므로 일단 남부의 마르세이유로 간 에셀은 그곳에서 선친의 옛 친구였던 발터 벤야민과 우연히 만나게 된다. 벤야민은 독일을 탈출해 미국으로 망명하기 위해 마르세이유까지 흘러들어온 것이었다. 그러나 에셀이 벤야민을 만난 것은 그것으로 마지막이 되었다. 끝내 미국으로 건너가지 못한 벤야민이 그 후 피레네 산악지대에서 자살했기 때문이었다. 에셀은 북아프리카의 카사블랑카를 거쳐 마침내 1941년 다시 영국땅을 밟았다.

런던에 도착한 에셀은 영국 당국의 조사를 받은 후 런던에 있던 드골의 자유프랑스 망명정부에 참여할 수 있었다. 그곳에서 에셀은 항공기의 항법사 훈련을 받던 중 망명정부의 정보기관에 들어가게 되었다. 자유프랑스정보국(BCRA)은 앙드레 드와브랭 대위가 창설한 조직으로서 전쟁 후 프랑스의 공식 국가정보기구로 승격되었다.

프랑스 감독 장-피에르 멜빌이 1969년에 발표한 영화 〈그림자 군대〉는 전쟁 중의 레지스탕스 활동을 그린 역사물인데 이 영화에서 드와브랭은 망명정부의 정보기관을 이끈 파시 대령 역을 맡아 직접 출연하기도 했다. BCRA

에셀은 레지스탕스 활동 중 체포되어, 주요 레지스탕스 분자 36명과 함께
나치의 악명 높은 부헨발트 강제수용소로 이송되었다.
부헨발트는 독일의 바이마르 근교에 있던 시설로서
독일 영토 내의 강제수용소 중에서 최대 규모급에 속한 곳이었다.
그는 이곳에서 구사일생으로 탈출에 성공했다.

는 영국의 비밀정보기관인 MI6와 연계하여 군사작전, 방첩업무, 잠입과 구출, 비군사적 선전활동 등을 전개했다. 에셀은 정보 분석업무를 맡아 일했다.

1944년 노르망디 상륙작전을 준비하기 위해 망명정부의 프랑스 정보요원들이 대거 프랑스 현지로 사전에 파견되었다. '그레코 작전' 이라는 암호명으로 불린 이 작전에서 에셀은 파견부대의 선발팀에 속해 프랑스에 낙하산을 타고 잠입하였다. 그의 임무는 프랑스 내에서 레지스탕스 네트워크를 구축하고 무전기를 배포하는 것이었다. 비밀리에 파리까지 잠입하는 데 성공한 에셀은 몇 년 만에 어머니와 재회하기도 했다. 그러나 프랑스 국내 레지스탕스 조직에는 밀고자와 첩자들이 많이 침투해 있었고 그 때문에 에셀은 결국 게슈타포에 체포되고 말았다.

체포 후에 에셀은 프랑스, 벨기에, 영국 출신의 주요 레지스탕스 분자 36명에 포함되어 이들과 함께 나치의 악명 높은 부헨발트 강제수용소로 이송되었다. 부헨발트는 독일의 바이마르 근교에 있던 시설로서 독일 영토 내의 강제수용소 중에서 최대 규모급에 속한 곳이었다. 부헨발트라는 말이 '자작나무 숲' 이라는 뜻인 만큼 수용소는 산림지역 내에 자리잡고 있었다.

이곳에서 에셀은 프랑스 망명정부 그리고 레지스탕스

조직에 관해 심문을 받았고 물고문을 당하는 고초를 겪었다. 함께 수감되었던 36명은 결국 모두 처형당할 운명에 놓여 있었다. 몇 명씩 한 단위로 하여 집행이 시작되었다. 에셀은 교수형을 피하기 위해 영국군 포로였던 포레스트 이오-토마스, 해리 플레브와 함께 탈출을 도모했다. 이오-토마스는 영국 군정보기관의 요원으로 '해마' 또는 '셸리' 라고 불리던 인물이었고, 플레브 역시 영국 군정보기관의 장교 출신이었는데 어릴 때 알제리에서 자란 탓에 프랑스어에 능통하여 프랑스 레지스탕스 활동에 깊이 관여되어 있던 인물이었다.

당시 부헨발트 강제수용소에는 독일 출신의 에르빈 딩-슐러가 군의관으로 있었고, 독일의 기독사회주의자로서 수감되어 있던 오이겐 코곤이 딩-슐러의 당번 겸 서기 역할을 하고 있었다. 탈출을 모의한 세 사람은 코곤을 통해 딩-슐러 군의관에게 다음과 같은 제안을 했다. 즉, 어차피 조만간 전쟁이 끝날 텐데 그렇게 되면 나치 잔당들이 모두 처벌대상이 될 것이다, 하지만 딩-슐러가 자기들을 도와주면 나중에 전범재판에서 연합군측 포로를 비밀리에 도와주었다는 증언을 해주겠다고 약속을 한 것이다.

기울어지는 전황을 내심 걱정하고 있던 딩-슐러는 제안을 받아들여 이 세 사람을 46동 막사에 수용시켜 주었다.

부헨발트 수용소에서는 수인들을 상대로 티푸스 백신의 효과를 조사하는 생체실험을 실시하고 있었다. 그런 실험을 실시하는 수인들을 수용하던 병동이 바로 46동이었다. 그곳에서 에셀은 이미 사망한 환자였던 미셸 보이텔의 이름표와 자기 이름표를 바꿔치기하여 목숨을 부지할 수 있었다. 여기서도 3개 국어를 자연스럽게 구사하는 능력이 큰 역할을 했다고 한다. 이렇게 해서 부헨발트 수용소에 원래 이송되었던 36명의 레지스탕스 중 이들 세 사람만 생존하는, 기적과 같은 일이 일어난 것이다.

그 후 에셀은 인근 도라 수용소에 배치되어 독일이 자랑하던 V1, V2 미사일 제조공장에서 잠시 일하게 되었다. 그 후 에셀은 다시 독일 북서부 삭소니 지역의 베르겐-벨젠 수용소로 이송되었다. 에셀은 이송 중의 열차 안에서 나무 바닥의 틈새를 뚫고 탈출하여 도보로 150킬로미터를 북진하여 하노버로 가서 마침내 독일에 진격해 온 미군부대를 만날 수 있었다. 그곳에서도 에셀이 독일 사람인지 프랑스 사람인지를 놓고 설왕설래가 있었지만 결국 자유의 몸이 될 수 있었다. 제2차 세계대전이 일어나고 징병된 후 거의 6년 만에 민간인의 신분으로 다시 돌아간 순간이었다. 함께 탈출했던 이오-토마스는 전쟁 후 열린 전범재판에서 중요한 증인으로서 부헨발트 수용소의 나치잔당 31명이 유죄판결 받는데 결정적인 역할을 했다. 플레브는 남미와 북아프리카, 스페인 등에서 국제 사업가로 일했다.

외교관으로 전 세계 인권과 개발에 헌신하다

구사일생으로 전쟁에서 생환한 에셀은 드골이 이끄는 프랑스 정부의 외교관으로 공직생활을 시작하게 되었다. 프랑스는 종전 처리 문제, 전후 복구 등의 산적한 문제를 안고 있었고, 과거 식민지의 처리 문제를 놓고 국론을 모아야 하는 중요한 기로에 서 있었다. 알제리를 비롯한 북아프리카와 인도차이나 등의 식민령을 어떻게 할 것인가 하는 문제가 프랑스에서 가장 민감한 국제적 쟁점이 되어 있었다.

프랑스 외무부는 이런 문제를 누구보다도 먼저, 그리고 가장 효과적으로 해결해야 할 책임을 지닌 부서였다. 아직 서른도 채 되지 않은 이상주의자 에셀에게 외무부 근무는 대단히 매력적인 기회를 제공해 주었다. 게다가 자신의 성장 배경과 전쟁 체험, 언어 구사 등에 있어 이미 국제주의의 경향이 있었던 터여서 유럽 내에서뿐만 아니라 유럽 대륙 바깥 세계 각지의 상황을 모니터링하는 일이 흥미롭고 보람도 있었다.

전쟁 중 대서양헌장을 통해 전후의 민주적 세계질서를 약속했던 연합국들은 독일이 항복한 직후 1945년 6월 샌프란시스코에서 국제연합(UN) 헌장을 발표하고 유엔을 통한 다자간 세계평화 구축이라는 청사진을 내놓고 있었다. 유엔헌장은 과거의 국제조약 문헌과는 달리 국가뿐만 아니라 전 세계의 개개인도 국제법상의 중요한 주체임을 인정하면서 인간의 근본적 자유와 인권을 보장하는 일이 국제사회의 의무임을 확실히 못박았다. 역사상 최초로 공식 국제적 조약문헌에 '인권(human rights)' 이라는 말이 등장한 것도 유엔헌장을 통해서였다. 또한 유엔은 안전보장이사회를 설치하여 국제 평화를 지키고 정치적 도구로서의 침략전쟁을 부정하는 공식입장을 확실히 해둔 상태였다.

프랑스는 안전보장이사회의 5대 상임이사국 중 한 나라로 지명되었다. 당시 유엔의 주요회의는 뉴욕, 파리, 제네바를 오가며 개최되곤 했으므로 프랑스는 파리에서 열리는 유엔 회의의 호스트 국가로서 대단히 중요한 역할을 수행해야만 했다.

에셀은 1946년 유엔 사무차장보로 일하던 프랑스 출신의 앙리 로지에와 만나게 된다. 원래 생리학자였던 로지에는 유엔의 사회문제국에서 고위직을 맡고 있었다. 사회문제국이 맡은 일은 경제와 사회 전 분야에 걸친 광범위한 업무였다. 자기가 믿고 일을 맡길 수 있는 젊은 보좌관이 필요했던 로지에는 에셀에게 유엔에서 일할 의향이 없느냐고 의사를 타진했다. 견문을 넓힐 수 있는 좋은 기회였고, 사회문제국의 업무에도 관심이 있었던 에셀은 그 요청을 받아들였다. 외무부와의 의견조율을 거쳐 유엔에 파견 근무하는 형식으로 에셀은 로지에의 보좌관에 임명될 수 있었다.

그때 유엔의 사무총장은 노르웨이 출신의 트리거브 리였는데, 로지에는 사무차장보였지만 전 세계 사회적 이슈들을 총괄하는 업무의 책임자였으므로 실무상 막강한 권한을 지니고 있었다. 유엔이 창설 초기에 심혈을 기울였던 일은 유엔헌장에서 약속한 인간의 근본적 자유와 인권을 보장하기 위한 국제인권장전을 선포하는 것이었다.

유엔헌장에서 경제사회이사회(ECOSOC)를 다룬 10장의 제68조는 "경제사회이사회는 경제 · 사회 분야 및 인권증진을 위해 필요한 위원회들, 그리고 유엔의 여타 기능을 수행하는데 필요한 위원회들을 설치할 수 있다."라고 규정하고 있다. 이 조항에 따라 1946년 12월 10일 소집

된 경제사회이사회의 첫 번째 회의석상에서 유엔인권위원회가 설치되었다. 유엔 내에서 특정한 기능을 수행하기 위해 만들어진 최초의 '기능별' 위원회였다. 인권위원회의 역할이 그만큼 중차대했으므로 초대 위원장 인선이 중요했다. 결국 벤자민 프랭클린 루스벨트 대통령의 퍼스트레이디를 지낸 저명한 여성운동가 출신인 엘리너 루스벨트 여사가 초대 유엔인권위원장으로 선출되었다.

유엔인권위원회의 핵심 임무는 뭐니 뭐니 해도 국제인권장전의 완성이었다. 그것을 위해 1948년 12월까지 초안을 작성하여 유엔총회에 상정하게끔 시간표가 짜였다. 나중에 국제인권장전은 〈세계인권선언〉으로 명칭이 조정되었다. 루스벨트 위원장은 〈세계인권선언〉 초안을 작성하기 위해 인권위원회 내에 선언기초위원회를 설치하기로 하고 유엔 회원국들로부터 추천을 받아 위원들 인선을 했다. 기초위원회의 위원장도 루스벨트 여사가 겸임하였다.

그 후 시간이 흐르면서 위원회의 구성이 조금씩 변하긴 했지만 끝까지 완주했던 주요 위원들은 다음과 같았다. 유대계 프랑스 지식인으로 레지스탕스 운동에 뛰어들었던 르네 카생, 레바논 출신의 하버드 대학 철학박사 출신 찰스 말리크, 중국 출신 외교관으로 동양철학에 정통하고

1947년 1월 27일 유엔인권위원회 제1차 회의.
제일 왼쪽 자리에 앉아 있는 사람이 유엔사무차장보로서
에셀의 직속상관이었던 앙리 로지에.
그와 대화를 나누고 있는 상대는 유엔인권위원장 엘리너 루스벨트 여사.

컬럼비아대학에서 존 듀이의 지도로 박사학위를 받았던 장펑춘(張彭春), 필리핀의 전쟁영웅으로 나중에 외무장관을 역임했던 카를로스 로물로, 칠레 출신으로 경제적 · 사회적 권리를 열렬히 주창했던 에르난 산타크루즈 등이 포진하고 있었다. 기초위원은 아니었지만 유엔사무국의 인권담당 책임자로서 선언문의 1차 초안을 위한 기본안을 만들었던 캐나다 출신의 법학자 존 험프리, 그리고 위에서 말한 앙리 로지에 사무차장보가 선언을 작성하는 과정에 깊이 관여하였다.

유엔인권위원회 겸 선언기초위원회 1차 회의가 1947년 1월 27일 미국 뉴욕주의 레이크 석세스에서 개최되었다. 엘리너 루스벨트 위원장과 로지에 사무차장보가 대화하는 기록사진이 유엔의 아카이브 사진 사이트에 올라 있는 것을 보면 로지에의 역할이 상당히 중요했음을 짐작할 수 있다.

에셀은 로지에를 도우면서 〈세계인권선언〉의 기초과정을 가까이서 모두 지켜보았고, 캐나다인으로서 영어와 프랑스어에 능통했던 존 험프리 그리고 프랑스의 위원 르네 카생 사이를 오가면서 각종 실무를 담당했다. 이런 활동을 하면서 2년간 〈세계인권선언〉의 성안과정을 관찰했으므로 선언의 탄생에 있어 에셀만큼 생생한 증언을 해

〈세계인권선언〉이 채택된 직후 루스벨트 유엔인권위원장이
선언문을 들고 기념촬영.

줄 수 있는 사람도 많지 않다.

2013년 2월 에셀이 타계함으로써 아마 〈세계인권선언〉의 작성 과정을 직접 목격했던 마지막 역사적 증인이 지상에서 사라졌다고 할 수 있을 것이다.

수많은 회의와 논란과 고비를 겪은 후 〈세계인권선언〉은 1948년 12월 10일 유엔총회 석상에서 마침내 채택될 수 있었다. 당시 유엔총회는 파리의 에펠탑 근방에 있는 샤요 궁에서 열렸다. 지금도 샤요 궁의 중정을 '인권의 앞뜰'이라고 부르며 광장 바닥에는 〈세계인권선언〉 1조가 새겨진 기념석이 박혀 있다.

에셀은 이 모든 과정에 직접 참여하고 모든 것을 목격하고 기록하면서 인권을 통한 새로운 세계건설의 철학을 깊이 각성하였다. 그가 『분노하라』를 비롯한 많은 글에서 〈세계인권선언〉을 강조하면서 선언의 정신으로 돌아가자고 호소하는 것도 그의 젊은 정신을 형성했던 인도주의의 강력한 원천이 바로 〈세계인권선언〉에서 나왔기 때문이다.

프랑스는 유엔의 창설 회원국이자 안보리 상임위원국으로서 국제주의적 관점에 대해 강한 책무를 느낀 나라라고 할 수 있다. 그래서 전 세계에서 가장 먼저, 〈세계인권선언〉이 나오기도 전인 1947년에 이미 국가인권자문위원회라는 상설조직을 만들어 인권증진과 인권정책 발전을 도모하고 있었다. 에셀은 유엔에서 인권업무를 맡으면서 국가인권자문위원회에도 관여하여 말년까지도 이 위원회의 원로위원으로 활동하였다.

유엔에서의 인연으로 에셀의 관심의 폭이 전 세계 인권과 개발로까지 확대되었다. 젊은 날 유럽 내에서의 파시즘 반대와 인도주의 옹호 활동이 국제적 차원으로 외연이 넓어진 것이었다.

1953년 처음으로 사하라 이남지역을 여행한 후 에셀은 비서구권, 과거 식민지배를 경험했던 아시아, 아프리카의 빈곤국들의 발전과 인권에 대해 더욱 깊이 고민하기 시작했다. 따라서 에셀이 나중에 유엔개발계획(UNDP)의 부행정관으로 다시 유엔 관리가 되었던 것은 전혀 놀랍지 않다. 그에게 있어 프랑스 국가를 대표하는 외교관 생활과 인류 전체의 복지와 인권을 위한 활동은 동전의 양면과 같은 일이었다. 그런 점에서 에셀은 좁은 의미의 국익위주로 사고하기 쉬운 외교관과는 전혀 다른 사유체계의 소유자였다고 해도 과언이 아니다.

에셀은 1954년 6월 온건 사회주의 노선의 피에르 망데스 프랑스가 이끄는 정부의 참사원장으로 입각하였다. 인도차이나의 디엔 비엔 푸에서 프랑스군이 베트남군에게 대패한 직후의 일이었다. 그에 따라 북아프리카의 알제리, 모로코, 튀니지 등의 프랑스령 식민지들도 당장 독립을 요구하고 나섰다. 에셀은 1955년 사이공 주재 프랑스대사관의 제1참사관으로서 베트남의 탈식민화 과정을 생생하게 지켜보았다. 에셀이 〈세계인권선언〉 작성과정을 통해 인간 개인의 보편적 권리에 눈을 뜨게 되었다면, 베트남에서의 경험은 에셀로 하여금 인간집단의 자기결정권, 민족자결권의 중요성에 눈을 뜨게 만든 계기를 부여하였다.

에셀은 1960년대에 알제리에서도 근무하면서 탈식민화의 현장을 한 번 더 구체적으로 목격하였다. 그의 세계주의적 인식이 더욱더 깊어진 것은 두말 할 필요가 없다.

에셀은 1962년 아프리카-마다가스카르 직업훈련협회(AFTAM)의 초대 회장을 역임하기도 하고, 알제리 근무를 끝낸 후에는 뉴욕의 유엔개발계획에서 근무하였다. 마침내 그의 오랜 외교관 생활의 클라이맥스가 도래했다. 1977년 주 유엔 프랑스 대사로 임명되어 제네바에서 근무를 시작했던 것이다. 당시 유엔에서는 파나마 사태, 이집트-이스라엘 평화협정, 소련의 아프가니스탄 침공, 모스크바 올림픽게임 보이코트 사건, 이란 인질사태 등 여러 차례의 국제적 위기상황을 다루어야 했고 에셀은 유엔안

보리 상임위원국의 외교대표로서 이 같은 상황 앞에서 국익과 개인적 신념 사이의 괴리를 좁히기 위해서 동분서주했다.

1981년 유엔대사 자리에서 물러난 에셀은 외교관으로서 가장 큰 영예인 종신 프랑스 대사직을 부여받고 종신 동안 외교관 여권을 지니게 되었다. 그와 동시에 개도국의 개발협력 지원을 위한 부처간 조정대표직을 수행하기도 했다. 에셀은 1982년 공직에서 은퇴했지만 그것으로 공적인 일이 모두 끝난 것은 아니었다. 오히려 더 많은 일들이 그를 기다리고 있었다. 은퇴하는 해에 방송통신위원회 위원장에 임명되었으며 1986년에는 정식으로 사회당에 입당하여 좀더 운신의 폭을 넓혀서 정치적 발언과 행동에 나서게 되었다. 개인적으로는 1985년 아내와 사별하고 그 이듬해 크리스티안 샤브리와 재혼했다. 에셀은 자신의 결혼생활이 대단히 큰 행복의 원천이었다고 회고한 바 있다.

에셀의 인도주의적 입장 그리고 갈등 해결의 경험과 경륜으로 인해 여러 곳에서 그의 조력을 청하는 일이 많아졌다. 아프리카의 부룬디에서 일어난 부족간 갈등을 중재하는 일을 맡기도 하고, 불법체류자 등 사회적 갈등 이슈에도 중재자로 나서는 일이 잦아졌다. 전직 외교관으로 점잖고 편안한 은퇴생활을 즐기는 대신 적극적인 사회 참여자로 변신해 갔던 것이다. 이와 함께 팔레스타인 문제에도 점점 더 관심을 기울이기 시작했다.

에셀은 80세가 되던 1997년 『세기와 춤추다』라는 제목의 자서전을 집필했는데 아마 자신의 전 생애가 그 정도에서 정리될 것으로 스스로 생각했던 것 같아 보인다. 하지만 운명은 그의 자서전 출간 이후에도 그를 편하게 놓아주지 않았다.

에셀의 활동반경은 계속 늘어만 갔다. 2001~2010년 사이에는 세계 아동을 위한 "평화와 비폭력문화의 10년" 국제캠페인을 위한 프랑스 지부의 위원으로 임명되어 바쁜 나날을 보내야 했다. 그 후 2002년 국제콜레기움(정식 명칭: 국제 윤리-과학-정치 콜레기움)의 창립위원이자 부총재로 선출되었다. 이 단체는 미셸 로카르 프랑스 전 총리, 페르난도 카르두소 전 브라질 대통령, 메리 로빈슨 전 아일랜드 대통령 겸 유엔인권고등판무관, 위르겐 하버마스, 조지프 스티글리츠, 아마르티야 센 등이 참여하는 국제현인 클럽과 같은 단체였는데 〈인류상호의존선언〉을 발표하여 인류의 균형과 생존을 저해하는 4대악을 지목하고 그것들을 통렬히 비판하였다. 그 4대악이란 다음과 같았다. 첫째, 전 세계 정치 · 경제 · 군사 지도자들의 비전과 윤리적 실천의식 결여. 둘째, 환경파괴가 인간과 생태계에 미치는 악영향. 셋째, 전 세계 차원의 빈부격차. 넷째, 급증하는 전쟁 및 테러 위기.

전 세계 원로들이 발표한 이 같은 위기 진단은 당시 세계 지성계에 큰 영향을 미쳤다. 에셀은 또한 과거 레지스탕스 동지들과 함께 유럽사회조약의 채택을 촉구하는 성명을 발표하고, 2004년에는 1944년에 만들어졌던 프랑스 전국 레지스탕스 평의회의 창립 60주년 행사를 주관하면서 신세대들에게 레지스탕스의 진정한 이상을 알려주고 경제적 · 사회적 · 문화적 민주주의를 촉구하였다.

이 같은 활동으로 에셀은 유럽이사회가 수여하는 '노스-사우스상' (North-South Prize)을 받기도 했다. 피터 가브리엘, 메리 로빈슨, 코피 아난, 고르바초프, 루이스 아버 등이 수상하기도 했던 저명한 상이었다. 이어 2006년에는 레종드뇌르 최고훈장을 수상했다.

같은 해 발생한 이스라엘의 레바논 공습에 반대하여 에셀은 '정의로운 평화를 위하는 유럽 유대인 모임' (EJJP) 프랑스 지부가 발표한 성명서에 참여하였다. 중동 문제에 대한 발언으로 인해 에셀은 친 이스라엘 단체들의 표적이 되어 엄청난 비난에 시달리기 시작했다. 또한 노동자들의 주거문제를 해결해 주라고 정부에 촉구하면서

〈세계인권선언〉 25조에 명시된 의식주 문제를 해결하지 못하는 프랑스 정부를 호되게 비판하였다. 2008년에는 〈세계인권선언〉 제정 60주년을 맞아 인권문화 창달의 공로로 '유네스코/빌바오 대상'을 수여하였다. 그 다음해 2009년 이스라엘이 가자지구를 공습하자 이스라엘 국가가 팔레스타인 주민에 대해 전쟁범죄와 반인도적 범죄를 저지르고 있다고 격렬하게 항의했다.

에셀은 독일의 《프랑크푸르트 알게마이네 자이퉁》(FAZ)지에 기고한 글에서 이스라엘이 팔레스타인 주민들에 대해 가하는 만행이 나치의 프랑스 점령 때보다 더 심하다고 주장함으로써 유대계 단체들로부터는 배신자로 지목되고 극렬한 비난의 대상이 되었다. 그러나 동시에 팔레스타인 주민들을 생각하는 인권단체들로부터는 '세속의 성인'이라는 별명을 얻었다.

같은 해에 에셀은 또 한 번의 정치적 도약을 하게 된다. 유럽의회 선거에서 유럽 생태당을 지지한다고 공개선언했던 것이다. 이는 인본적 사회주의자의 사상이 생태주의로 진화한 중요한 분기점을 기록한 셈이 되었다.

여기서 우리가 기억해야 할 점은 이 모든 활동 속에 2010년의 『분노하라』를 싹틔운 맹아가 이미 들어 있었음이 분명하다는 사실이다.

분노하라, 그리고 포기하지 마라!

에셀의 『분노하라(Indignez-vouz!)』가 나온 것은 2010년 10월이었다. 프랑스 몽펠리에에 있는 군소 독립출판사 앵디젠에서 간행되었는데 출판계의 주목이나 언론의 각광 혹은 홍보 같은 것도 없이 아주 조용히 세상에 등장했다. 단행본이라 하기보다 약간 두툼한 팸플릿이라고 부르는 게 더 정확할 정도로 아주 짧은 책이었다.

앵디젠은 염가의 소책자가 기대할 수 있는 최대치로 예상한 8천 부를 초판으로 찍었다. 출판사로서는 1년 사이에 초판만 다 팔려도 다행이라고 기대했던 책이었다. 그 전까지만 해도 앵디젠은 주로 중국 한방관련 도서나 아메리카 인디언과 같은 틈새 도서들을 내던 출판사였다. 신간 초판을 평균 1천 부 정도 파는 것으로 만족해야 했던 무명의 영세 출판사였다.

그런데 책이 나오자마자 앵디젠으로서 상상치도 못했던 사태가 벌어지기 시작했다. 초판이 삽시간에 매진되고 급히 인쇄하여 내보낸 재쇄본도 순식간에 소진되어 버렸다. 3쇄, 4쇄도 마찬가지였다. 언론이나 서평지에서 미처 신간 소개도 하기 전에, 서점에 재고가 쌓이기도 전에, 입소문을 타고 책이 계속 증발해 버린 것이다. 아마 『분노하라』는 역사상 가장 짧은 시간에, 가장 적은 홍보만으로, 가장 많은 나라에서, 가장 많이 매진된 책 중의 하나로 기록될 수 있을 것이다.

『분노하라』의 소문은 금세 대서양 너머로 퍼졌다. 미국의 진보잡지 《더 네이션》은 2011년 3월 7일자에서 약 4천 단어에 해당하는 전체 번역문을 "Time for outrage"라는 제목으로 통째 전재하였다. 1865년에 이 잡지가 창간된 이래 책 한 권의 내용 전부를 몽땅 실었던 것은 최초의 일이었다. 이제 세계 유수의 언론들이 앞다투어 특집 기사를 싣기 시작했다. 어째서 아흔세 살이나 된 노인의 짤막한 글이 21세기의 세계인들에게 이렇게까지 선풍적으로 어필하는가 하는 점이 가장 큰 의문이었다. 이 질문에 대한 대답은 크게 보아 두 가지라 할 수 있었다. 『분노하라』의 메시지가 받아들여질 수 있는 시대적 상황이 있었고, 이 책의 저자가 보여준 평생에 걸친 삶의 무게와 두께가 던진 감동이 있었기 때문이었다. 시대상황이 이토록 암울하지 않았더라면 사람들은 분노하지도, 『분노하라』에 호응하지도 않았을 것이다. 더 나아가, 책의 저자가 에셀이 아니었더라면, 예컨대 똑같은 내용이라도 인생의 묵직

한 배경이 없는 사람이 그 책을 썼더라면 세상은 그것을 거들떠보지도 않았을 것이다. 이렇게 본다면 『분노하라』는 상황적 계기와 인간적 계기가 합해져 거대한 화약고가 폭발한, 흔치 않은 일대 역사적 사건이었다고 할 수 있다.

『분노하라』는 애초 단행본으로 계획된 책이 아니었다. 2008년 레지스탕스 기념식에서 에셀이 행한 연설을 바탕으로 출판사 사장이 에셀을 세 번 정도 만나 원고에 살을 보태고 에셀이 최종적으로 감수를 보아 펴낸 책이었다. 그렇게 기획된 '연설문' 팸플릿이 지금까지 전 세계 100여 개국에서 450만 부나 판매되는 대기록을 세운 것이다. 하지만 책 판매로부터 에셀이 받은 인세는 단 한 푼도 없었다. 판매 수익을 그가 지정하는 시민운동에 기증하기로 하고 출간을 진행했기 때문이다.

그렇다면 『분노하라』로부터 전 세계 독자들은 어떤 교훈을 받아들였을까? 간단히 정리해 보면 다음과 같다. 우선, 에셀이 인권, 특히 〈세계인권선언〉의 정신을 강조한 것을 꼽아야만 하겠다. 에셀은 자신이 직접 참여하여 완성시킨 〈세계인권선언〉이 21세기에도 여전히 유효한 인류 진보의 바이블이라고 단언한다. 『분노하라』에는 인권에 대한 언급이 수없이 나오며, 〈세계인권선언〉을 설명한 별도의 장이 들어 있을 정도이다. 게다가 에셀은 인권의 정신이 레지스탕스 운동의 본령이자 연장선이었음을 강조한다. 레지스탕스 운동은 단순히 외적의 침입으로부터 조국을 해방시키겠다는 차원의 활동이 아니었다는 말이다. 그것은 프랑스의 독립운동임과 동시에 자유-평등-박애의 바탕 위에서 '모든 사람을 위한 모든 인권'이 완전하게 보장될 수 있는 세상을 희구하는 새로운 사회를 위한 투쟁이었다는 것이다.

이렇게 본다면 레지스탕스 운동 자체가 인권운동이었고, 미래 인간사회를 위한 혁명적 기획이었다고 해도 과언이 아니다. 바로 이것이 『분노하라』를 여타 사회운동 관련 서적과 구분되게 만드는 점이다. 분노해야 할 이유를 인간 존엄성의 침해에서 찾고, 그 문제를 해결하기 위한 구체적 방법으로서 〈세계인권선언〉의 정신을 구현해야 한다고 역설하고 있기 때문이다.

에셀의 외침 속에는 면도날같이 정교한 사회과학 분석이나 이론적이고 어려운 어휘가 거의 눈에 띄지 않는다. 불의와 파렴치와 인간에 대한 예의의 결여를 질타하면서 인류의 존엄성을 옹호하는 상식적이고 직관적인 정의의 어휘가 있을 뿐이다. 실제로 『분노하라』에는 신자유주의니, 반지구화 운동이니 하는 사회운동식 용어가 한 마디도 등장하지 않는다. 사회적 문제의식이 무척이나 선명

한데도 불구하고 에셀이 고수하는 바는 원초적인 정의 관념과 같은 약간 '구식'의 메시지다. 하지만 전 세계 독자들이 이런 원칙적이고 상식적인 정의의 메시지에 더욱 열광적으로 반응했음을 잊어서는 안 된다.

둘째, 에셀이 사회당의 당원으로 있다가 나중에 유럽의 생태주의 정당을 지지했던 이력이 있음을 기억할 필요가 있다. 『분노하라』에 뒤이어 나온 『참여하라』와 『정신의 진보를 위하여』에도 에셀의 이러한 사상적 진화에 대한 설명이 잘 나와 있다. 과거 레지스탕스 운동이 단순한 독립운동을 넘어, 진보적 미래사회를 위한 청사진을 추구한 운동이었던 것처럼, 오늘날 시민사회운동 역시 단순히 인간집단의 소외와 차별과 불평등에 대한 분노를 넘어, 자연생태계와 인간이 공존할 수 없게 만드는 물질적 탐욕과 축적적 생산양식에 대한 분노로 확장되어야 한다는 것이다. 〈세계인권선언〉에 나오는 '진보'라는 말의 진정한 의미는 이런 차원에서 인간정신이 계속 진화하는 것을 의미한다.

셋째, 에셀은 고위 공직자 출신으로서 대중의 존경을 누리며 안온하게 여생을 보낼 수 있는, 가장 혜택받은 사회 엘리트로서의 지위를 과감히 내던지고 용기있게 세상과 대면하는 길을 선택했다. 인간적인 측면에서 보더라도 이는 결코 쉽지 않은 선택이었을 거라고 상상해 볼 수 있다.

『분노하라』가 나오기 전부터 팔레스타인 주민들을 위해 발언하고 활동하던 에셀의 행보를 못마땅하게 여기던 보수파들은 책이 나오자 비난의 수위를 더욱 높였다. 험담과 비방이 뒤따랐고, 유대인의 핏줄을 저버린 배신자라는 손가락질이 이어졌으며, 심지어 그의 레지스탕스 이력이 과장되었다는 등 근거 없는 흑색선전이 유포되었다. 보통사람 같았으면 견디기 어려운 인신공격이었을 것이고, 구순을 넘긴 점잖은 지도층 인사에게는 더 힘든 상황일 수도 있었을 것이다.

하지만 에셀은 주위의 시선을 아랑곳하지 않았다. 노구를 이끌고 자신을 필요로 하는 모든 활동에 참여하고 발언하고 비판하고 주창하는 발걸음을 멈추지 않았다. 에셀의 앙가주망(현실참여)은 프랑스 지식인들의 일반적인 성향이기도 하지만, 특히 그가 사르트르와의 교유에서 배운 바이기도 하다. 알면서도 실천하지 않는 지성은 지성일 수 없다는 말이다. 그것은 일신의 안위와 상관없이 결단하는 행위이며, 자신의 평판과 상관없이 추구해야만 하는 의무이며, 더더욱 자신의 나이와도 상관없이 묵묵히 걸어야 하는 사명이라는 것이다.

요컨대 에셀의 『분노하라』에서 보통사람들이 얻을 수 있는 진정한 교훈은, 공적인 사안을 놓고 필요하면 의분을 느끼고 작은 일이라도 맡아 공동체의 일에 참여하는 시민이 되라는 것이라 할 수 있다.

일찍이 스탠리 코언이 말했듯 '훌륭한 시민성'의 상태는 거창한 영웅적 행동을 요구하지는 않지만, 평범한 침묵을 장려하지도 않는 법이다. 에셀이 우리에게 촉구하는 것도 바로 이처럼 발언해야 할 때 발언하고, 참여해야 할 때 참여할 줄 아는 시민상이다. 사실 이 정도의 덕목은 모든 민주시민에게 요구할 수 있고, 또 요구되어야만 한다. 가정과 학교에서 가르쳐야 하는 가치이기도 하다.

에셀이 "인류상호의존선언"을 주도한 것도, 세계시민사상을 그토록 강조한 것도 다 이런 이유에서였다고 생각된다. 침묵하는 양심은 모든 사람들에게 관련 있는 중요한 문제에 눈을 감는 것이 되고, 공분할 줄 모르는 정신은 전 세계의 몰락에 동조하는 것밖에 되지 않기 때문이다. 예를 들어 기후변화나 핵발전의 위험성에 대해 공분하지 않는다면 전 인류의 몰락에 적극적으로 동참하는 거대한 범죄를 저지르는 것이나 다름없다.

이런 논리의 연장선상에서 에셀은 국경선을 초월해서 전 세계적으로 통용되는 보편적인 인권 관할권을 설정하자는 주장을 한다. 인권이 보편적인 개념으로 제시되면서도 실제로는 국민국가의 테두리 내에서 실행되는 모순, 즉 이상과 현실 사이의 크나큰 간격을 메우기 위해서는 결국 보편적 인권 관할권이 필요할 수밖에 없다는 결론에 도달한 입장이다. 이런 생각은 가장 근원적인 차원에서 진정한 보편 인권론이라 할 수 있다. 인권을 말하면서도 현실과 쉽게 타협하거나 당파적인 상황논리에 기대곤 하는 사람들에게 에셀이 가하는 통렬한 비판이라고 보면 되겠다. 또한 그는 레지스탕스의 인본주의적 기원과 현대의 진보적 가치를 연결시키고, 그것을 구체적으로 국제금융 비판운동으로 확장해야 한다고도 주장한다. 바로 여기에 에셀이 현대 시민사회운동에 구체적인 영감을 준 핵심이 존재한다.

『분노하라』가 세계의 시민들과 국제 시민사회운동에 던진 영향은 이루 헤아리기 어려울 정도이다. 그 어떤 선동가라 하더라도 전 세계인들을 그토록 짧은 시간 내에, 그토록 열정적으로 동원하기는 어려웠을 것이다. 책이 나온 후 얼마 되지 않아 스페인에서는 국제금융 위기의 여파로 실업자가 양산되고, 젊은이들이 갈 곳 없이 헤매는 암울한 상황이 닥쳤다. 스페인의 마드리드와 바르셀로나에서 항의의 표시로 광장을 점거하고 장기농성에 들어갔던 일단의 젊은이들은 스스로를 '분노한 사람들(Los Indignados)'이라고 이름 붙였다. 에셀의 메시지에 즉각 호응한 것이었다.

에셀의 외침은 그리스에서도, 영국에서도, 칠레에서도, 이스라엘에서도 메아리처럼 들려왔다. 이들이 분노한 구체적인 내용은 나라마다 약간씩 달랐지만 인권과 인간 존엄성과 세계시민의 연대라는 점에서는 공통적으로 에셀의 메시지를 수용하고 있었다. 심지어 베페 그리요라는 이탈리아의 코미디언은 2013년 총선에 출마하여 자신을 "분노한 사람"으로 규정하며 엄청난 득표를 함으로써 기존정당 체제를 크게 위협하고 젊은이들의 우상과 같은 존재로 떠올랐다.

권위 있는 국제정치 관련 매체인 《포린 폴리시》지는 2011년 전 세계에서 가장 영향력 있는 100대 사상가를 선정해 발표하면서 그 명단에 스테판 에셀을 포함시켰다. 잡지는 에셀을 전 세계에서 가장 흥미로운 사상가라고 소개하면서 전후 사회의 특징이었던 관용과 사회적 책임, 평등주의적 에토스가 국제 금융시장의 독재로 인해 붕괴되고 있는 현실을 보다 못한 올드 좌파가 신세대에게 격문을 발표한 것이라는 해설을 덧붙였다.

『분노하라』가 세계인들의 항의 야전교범처럼 떠오르

면서 그의 글을 더 많이 접하고 싶다는 대중의 요구가 빗발쳤다. 이에 부응하여 그 다음 해에 청년 시민운동가인 질 방데르푸텐과 스테판 에셀의 대담을 묶은 『참여하라』가 출간되었고, 2012년에는 티베트 불교 지도자인 달라이 라마와의 대담집 『정신의 진보를 위하여』가 나왔다. 이 두 책에서 에셀은 레지스탕스 운동과 인권 운동의 연속성을 강조하는 데에서 한 걸음 더 나아가 인간과 자연의 공존, 참다운 인간정신의 진보를 위해 세속적 인본주의와 종교 간의 대화 필요성 등을 탐구하는 데까지 나아간 경지를 보여준다. 단순히 시민운동의 지도급 인사에 머물지 않고 인간의 존재론적 근원에까지 질문을 던지는 사상가로서의 면모가 엿보이는 부분이다.

에셀은 시 읽기를 특히 사랑한다고 알려져 있다. 영국 작가 존 르 카레의 70세 생일 기념잔치에 참석했던 에셀은 새뮤얼 콜리지의 『쿠블라 칸(Kubla Khan)』을 영어로 암송하여 사람들을 놀라게 했다. 이 시는 "혹은 꿈 속의 환영. 편린"이라는 부제가 붙은 55행이나 되는 장시이다. 에셀의 문화적 소양 속에 낭만주의와 신비주의의 측면이 있는 것을 보면 그가 얼마나 다양한 차원을 지닌 진정한 유럽식 지성인이었는지 짐작할 수 있을 것이다.

에셀은 타계하기 직전 그의 유언과도 같은 글을 남겼다. 그 유고가 바로 이 책 『포기하지 마라』이다. 에셀은 우리에게 순응주의와 패배주의에 빠지지 말고, 자신의 신념과 가까운 정당에 가입하고 또한 시민운동에 뛰어들라는 메시지를 던진다. 에셀은 말한다.

"나는 위기로 인한 고통에 대한 대답이 민주적 가치를 지키는 개혁적 민주주의의 힘을 결집시키는 데 있다고 본다. 20세기 동안에 많은 유럽인들은…… 이데올로기를 떠받들었다. 이것은 인간에 대한 모든 신뢰를 잃게 만들었다. 인간은 그 자체로 충분하다. 전지전능한 안내자를 필요로 하지 않는다. 이런 이유로 나는 결코 공산주의자가 되지 않았다. 반공산주의자 역시 되지 않았다. ……나는 기존 질서를 파괴하는 혁명적이거나 폭력적인 행위를 통해 변화가 이루어진다고 생각하지 않는다. 장기적으로 변화는, 행동 · 정치적 협의 · 민주적 참여를 통한 현명한 작업 속에서 나온다고 믿는다. 민주주의는 목적이다. 그러나 또한 수단이 될 수 있다."

에셀이 우리에게 포기하지 말라고 당부하는 것도 바로 이 같은 낙관주의, 그리고 민주주의에 대한 신념이 투철

하기 때문일 것이다. 현 상황이 암울하게 여겨지더라도, 아무리 노력해도 출구가 보이지 않더라도, 비폭력투쟁이 효과가 없어 보일지라도, 내가 지지했던 후보가 선거에서 패배했다 하더라도, 변화의 속도가 너무 더뎌 인내를 극도로 시험하더라도, 우리는 결코 포기해서는 안 된다. 결국 인간의 정신은 진보할 것이고, 인간 존엄성을 향한 인류의 대장정은 멈추지 않을 것이기 때문이다.

『포기하지 마라』의 서두는 조아생 뒤 벨레의 다음과 같은 아포리즘을 제사(題詞)로 인용하고 있다. "행복하여라, 율리시즈처럼 멋진 항해를 한 사람은." 에셀이 그랬던 것처럼 우리 역시 어떤 경우에도 포기하지 말고 큰 바다 앞에서 율리시즈처럼 감연히 돛을 올리고 진보를 향한 항해를 계속해야 할 것이다.

조효제 성공회대학 사회과학부 교수. 저서로 『인권의 문법』, 『인권의 풍경』이 있으며, 스테판 에셀의 『분노하라』로부터 깊은 인상을 받아 세계인권선언을 해설한 『인권을 찾아서』를 집필했다. 옥스퍼드 대학 비교사회학 석사, 런던정경대학(LSE) 사회정책학 박사이며 하버드 대학 인권펠로우, 베를린자유대학 초빙교수를 지냈다.

세계인권선언

번역문

* 1948년 12월 10일 유엔에서 제정.
번역: 조효제, 다음 책에서 전재 : 조효제. 2011.
『인권을 찾아서』. 한울아카데미.

세계인권선언

우리가 인류가족의 모든 구성원들이 지닌 타고난 존엄성을 인정하고, 그들에게 남과 똑같은 권리 그리고 빼앗길 수 없는 권리가 있다는 사실을 인정할 때, 자유롭고 정의롭고 평화적인 세상의 토대가 마련될 것이다.

인권을 무시하고 짓밟은 탓에 인류의 양심을 분노하게 한 야만적인 일들이 발생했다. 따라서 보통사람들이 바라는 가장 간절한 소망이 있다면 그것은 모든 사람이 말할 자유, 신앙의 자유, 공포로부터의 자유, 그리고 결핍으로부터의 자유를 누릴 수 있는 세상의 등장이라고 우리 모두가 한 목소리로 외치게 되었다.

인간이 폭정과 탄압에 맞서, 최후의 수단으로, 무장봉기에 의지해야 할 지경에까지 몰리지 않으려면, 법의 지배로 인권이 반드시 보호되어야 한다.

오늘날 여러 나라 사이에서 친선관계의 발전을 도모하는 일은 참으로 긴요해졌다.

유엔에 속한 여러 인민은 유엔헌장을 통해 기본 인권에 대한 신념, 인간의 존엄성 및 가치에 대한 신념, 남성과 여성의 평등한 권리에 대한 신념을 재확인했으며, 더욱 폭넓은 자유 속에서 사회진보 및 더 나은 생활수준을 촉진시키자고 다짐한 바 있다.

유엔 회원국은, 유엔과 협력하여, 인권과 기본적 자유를 모두 함께 존중하고 준수하며, 그것을 증진하자고 약속했었다.

그런데 이러한 서약을 온전히 실현하려면 인권이 무엇인지, 또 자유가 무엇인지에 관해 모든 사람이 공통적으로 이해하는 것이 무엇보다도 중요하다.

따라서 이제, 유엔총회는 사회의 모든 개인과 모든 조직이 이 선언을 언제나 마음 속 깊이 간직하면서, 가르침과 배움을 통해 이러한 권리와 자유가 존중되도록 애써 노력하며, 국내에서든 국제적으로든, 전향적이고 지속적인 조치를 통해 이러한 권리와 자유가 보편적이고 효과적으로 인정되고 지켜지도록 애써 노력하기 위하여, 모든 인민과 모든 국가가 다 함께 달성해야 할 하나의 공통된 기준으로서 세계인권선언을 유엔 회원국의 인민뿐 아니라 회원국의 법적 관할하에 있는 영토의 인민에게 선포하는 바이다.

[제1조]

모든 사람은 자유로운 존재로 태어났고, 똑같은 존엄과 권리를 가진다. 사람은 이성과 양심을 타고났으므로 서로를 형제애의 정신으로 대해야 한다.

[제2조]

모든 사람은, 인종, 피부색, 성, 언어, 종교, 정치적 견해 또는 그 밖의 견해, 출신 민족 또는 사회적 신분, 재산의 많고 적음, 출생 또는 그 밖의 지위에 따른 그 어떤 종류의 구분도 없이, 이 선언에 나와 있는 모든 권리와 모든 자유를 누릴 자격이 있다.

더 나아가, 어떤 사람이 속한 곳이 독립국이든, 신탁통치령이든, 비자치령이든, 그 밖의 어떤 주권상의 제약을 받는 지역이든 상관없이, 그곳의 정치적 지위나 사법관할권상의 지위 혹은 국제적 지위를 근거로 사람을 구분해서는 절대로 안 된다.

[제3조]

모든 사람은 생명을 가질 권리, 자유를 누릴 권리, 그리고 자기 몸의 안전을 지킬 권리가 있다.

[제4조]

어느 누구도 노예가 되거나 타인에게 예속된 상태에 놓여서는 안 된다. 노예제도와 노예매매는 어떤 형태로든 일절 금지된다.

[제5조]

어느 누구도 고문, 또는 잔인하고 비인도적이거나 모욕적인 대우 또는 처벌을 받아서는 안 된다.

[제6조]

모든 사람은 그 어디에서건 법 앞에서 다른 사람과 똑같이 한 인간으로 인정받을 권리가 있다.

[제7조]

모든 사람은 법 앞에 평등하며, 어떤 차별도 없이 똑같이 법의 보호를 받을 자격이 있다. 모든 사람은 이 선언에 위배되는 그 어떤 차별에 대해서도, 그리고 그러한 차별에 대한 그 어떤 선동 행위에 대해서도 똑같은 보호를 받을 자격이 있다.

[제8조]

모든 사람은 헌법 또는 법률이 보장하는 기본권을 침해당했을 때 해당국가의 법정에 의해 적절하게 구제받을 권리가 있다.

[제9조]

어느 누구도 함부로 체포 또는 구금되거나 해외로 추방되어서는 안 된다.

[제10조]

모든 사람은 자신의 권리와 의무가 무엇인지를 가려내고, 자신에게 가해진 범죄혐의에 대해 심판받을 때에, 독립적이고 불편부당한 법정에서 다른 사람과 똑같이 공정하고 공개적인 재판을 받을 자격이 있다.

[제11조]

1. 형사상 범죄 혐의로 기소당한 사람은 누구나 자신의 변호를 위해 필요한 모든 법적 보장이 되어 있는 공개재

판에서 법에 따라 정식으로 유죄 판결이 나기 전까지는 무죄로 추정받을 권리가 있다.

2. 어떤 사람이 그 전에 국내법 또는 국제법상으로 범죄가 아니었던 일을 행하거나 행하지 않았던 것을 두고 그 후에 유죄라고 판결해서는 안 된다. 또한 범죄를 저지른 당시에 부과할 수 있었던 처벌보다 더 무거운 처벌을 그 후에 부과해서도 안 된다.

[제12조]

어느 누구도 자신의 사생활, 가족관계, 가정, 또는 타인과의 연락에 대해 외부의 자의적인 간섭을 받지 않으며, 자신의 명예와 평판에 대해 침해를 받지 않는다. 모든 사람은 그러한 간섭과 침해에 대해 법의 보호를 받을 권리가 있다.

[제13조]

1. 모든 사람은 자기 나라 내에서 어디에든 갈 수 있고, 어디에든 살 수 있는 자유를 누릴 권리가 있다.

2. 모든 사람은 자기 나라를 포함한 어떤 나라로부터도 출국할 권리가 있으며, 또한 자기 나라로 다시 돌아올 권리가 있다.

[제14조]

1. 모든 사람은 박해를 피해 다른 나라에 가서 피난처를 구할 권리와 그것을 누릴 권리를 가진다.

2. 그러나 이 권리는 순수하게 비정치적 범죄로써 제기된 법적 소추, 또는 유엔의 목적과 원칙에 위배되는 행위로써 제기된 법적 소추의 사례에는 적용되지 않는다.

[제15조]

1. 모든 사람은 국적을 가질 권리가 있다.

2. 어느 누구도 함부로 자신의 국적을 빼앗기지 않으며, 또한 자신의 국적을 바꿀 권리를 부정당하지 않는다.

[제16조]

1. 성인이 된 남녀는 인종이나 국적, 종교에 따른 어떠한 제약도 받지 않고, 결혼할 수 있는 권리 그리고 가정을 이룰 권리가 있다. 남성과 여성은 결혼 도중 그리고 이혼할 때, 혼인과 관련된 모든 문제에 있어 서로 똑같은 권리를 가진다.

2. 결혼은 오직 배우자가 되려고 하는 당사자 간의 자유롭고 완전한 합의에 의해서만 유효하다.

3. 가정은 사회의 자연적이고 기본적인 구성단위이므

로 사회와 국가의 보호를 받을 자격이 있다.

[제17조]

1. 모든 사람은, 다른 사람들과 공동으로 재산을 소유할 권리 그리고 단독으로 재산을 소유할 권리가 있다.

2. 어느 누구도 자기 재산을 함부로 빼앗기지 않는다.

[제18조]

모든 사람은 사상의 자유, 양심의 자유, 그리고 종교의 자유를 누릴 권리가 있다. 이러한 권리에는 자신의 종교 또는 신앙을 바꿀 자유도 포함된다. 또한 이러한 권리에는 혼자 또는 다른 사람과 함께, 공개적으로 또는 사적으로, 자신의 종교나 신앙을 가르치고 실천하고 예배드리고 엄수할 자유가 포함된다.

[제19조]

모든 사람은 의사표현의 자유를 누릴 권리가 있다. 이 권리에는 간섭받지 않고 자기 의견을 가질 수 있는 자유와, 모든 매체를 통하여 국경과 상관없이 정보와 생각을 구하고 받아들이고 전파할 수 있는 자유가 포함된다.

[제20조]

1. 모든 사람은 평화적 집회 및 결사의 자유를 누릴 권리가 있다.

2. 어느 누구도 어떤 모임에 소속될 것을 강요당해서는 안 된다.

[제21조]

1. 모든 사람은 자기가 직접 참여하든 또는 자유롭게 선출된 대표를 통해서 간접적으로 참여하든 간에, 자기 나라의 국가운영에 참여할 권리가 있다.

2. 모든 사람은 자기 나라의 공직을 맡을 동등한 권리가 있다.

3. 인민의 의지가 정부 권위의 토대를 이룬다. 인민의 의지는, 주기적으로 시행되는 진정한 선거를 통해 표출된다. 이러한 선거는 보통선거와 평등선거로 이루어지고, 비밀투표 또는 비밀투표에 해당하는 자유로운 투표 절차에 따라 시행된다.

[제22조]

모든 사람은 사회의 구성원으로서 사회보장을 받을 권리가 있다. 또한 모든 사람은, 국가의 자체적인 노력과 국제적인 협력을 통해, 그리고 각 나라가 조직된 방식과 보유한 자원의 형편에 맞춰 자신의 존엄성과 인격의 자유로운 발전에 반드시 필요한 경제적 · 사회적 · 문화적 권리를 실현할 자격이 있다.

[제23조]

1. 모든 사람은 노동할 권리, 자유롭게 직업을 선택할 권리, 공정하고 유리한 조건으로 일할 권리, 그리고 실업 상태에 놓였을 때 보호받을 권리가 있다.

2. 모든 사람은 어떠한 차별도 받지 않고 동일한 노동에 대해서 동일한 보수를 받을 권리가 있다.

3. 모든 노동자는 자신과 그 가족이 인간적으로 존엄을 지키고 살아갈 수 있도록 보장해 주는 정당하고 유리한 보수를 받을 권리가 있다. 또한 이러한 보수가 부족할 때에는 필요하다면 여타 사회보호 수단을 통해 부조를 받을 권리가 있다.

4. 모든 사람은 자신의 이익을 지키기 위해 노동조합을 결성하고 그것에 가입할 권리가 있다.

[제24조]

모든 사람은 휴식을 취하고 여가를 즐길 권리가 있다.

이러한 권리에는 노동시간을 적절한 수준으로 제한할 수 있는 권리 그리고 정기적인 유급 휴가를 받을 권리가 포함된다.

[제25조]

1. 모든 사람은 자신과 가족의 건강과 안녕에 적합한 생활수준을 누릴 권리가 있다. 이러한 권리에는 음식, 입을 옷, 주거, 의료, 그리고 생활에 필요한 사회서비스 등을 누릴 권리가 포함된다. 또한 실업상태에 놓였거나, 질병에 걸렸거나, 장애를 당했거나, 배우자와 사별했거나, 나이가 많이 들었거나, 그 밖에 자신의 힘으로 어찌할 수 없는 상황에 처해 생계가 어려워진 모든 사람은 사회나 국가로부터 보호를 받을 권리가 있다.

2. 자식이 딸린 어머니 그리고 어린이와 청소년은 사회로부터 특별한 보살핌과 도움을 받을 자격이 있다. 모든 어린이와 청소년은 그 부모가 결혼한 상황에서 태어났건 아니건 간에 똑같은 보호를 받는다.

[제26조]

1. 모든 사람은 교육받을 권리가 있다. 적어도 초등교육과 기본교육 단계에서는 무상교육을 해야 한다. 초등

교육은 의무적으로 실시해야 한다. 보통 사람들이 큰 어려움 없이 기술교육과 직업교육을 받을 수 있어야 하며, 고등교육은 오직 학업능력으로만 판단하여 모든 사람에게 똑같이 개방되어야 한다.

2. 교육은 인격을 온전하게 발달시키고, 인권과 기본적 자유를 더욱 존중할 수 있도록 그 방향을 맞춰야 한다. 교육은 모든 국가, 모든 인종집단 또는 모든 종교집단이 서로 이해하고 서로 너그러운 마음으로 포용하며 친선을 도모할 수 있게 해야 하고, 평화를 유지하기 위한 유엔의 활동을 촉진해야 한다.

3. 부모는 자기 자녀가 어떤 교육을 받을지를 우선적으로 선택할 권리가 있다.

[제27조]

1. 모든 사람은 자기가 속한 공동체의 문화생활에 자유롭게 참여할 권리, 예술을 즐길 권리, 학문적 진보와 그 혜택을 다 함께 누릴 권리가 있다.

2. 모든 사람은 자신이 만들어낸 모든 학문, 문예, 예술의 창작물에서 생기는 정신적 · 물질적 이익을 보호받을 권리가 있다.

[제28조]

모든 사람은 이 선언에 나와 있는 권리와 자유가 온전히 실현될 수 있는 사회체제 및 국제체제 내에서 살아갈 자격이 있다.

[제29조]

1. 모든 사람은 자신이 속한 공동체에 대하여 의무를 진다. 어떤 사람이든 그러한 공동체를 통해서만 자신의 인격을 자유롭고 온전하게 발전시킬 수 있다.

2. 모든 사람이 자신의 권리와 자유를 온전하게 행사할 수 있지만, 다음과 같은 경우에는 예외적으로 그러한 권리와 자유가 제한될 수 있다. 즉, 타인에게도 나와 똑같은 권리와 자유가 있다는 사실을 인정하고 존중해 주기 위해 제정된 법률, 그리고 민주사회의 도덕률과 공중질서, 사회 전체의 복리를 위해 정당하게 요구되는 사안을 충족시키기 위해 제정된 법률에 의해서는 제한될 수 있다.

3. 그 어떤 경우에도 이러한 권리와 자유를 유엔의 목적과 원칙에 어긋나게 행사해서는 안 된다.

[제30조]

이 선언에 나와 있는 어떤 내용도 다음과 같이 해석해

서는 안 된다. 즉, 어떤 국가, 집단 또는 개인이 이 선언에 나와 있는 그 어떤 권리와 자유라도 파괴하기 위한 활동에 가담할 권리가 있다고 암시하거나, 그러한 행동을 할 권리가 있다는 식으로 해석해서는 절대로 안 된다.